AF492999

La véridique histoire d'Ah Q

DU MÊME TRADUCTEUR & AUTEUR

Aux éditions du non-agir
www.non-agir.fr

Petit Dictionnaire du mandarin pas classique, 2020. Insultes & Argot
Lao She, *La Maison de thé,* pièce en trois actes.
Lu Xun, *Histoires anciennes, revisitées*
       (Huit nouvelles fantastiques et satiriques)
Lu Xun, *La Véridique Histoire d'Ah Q,* édition monolingue
Ling Mengchu, *Les Rocambolades de Dragon flemmard* (XVIIᵉ s.)
Anonyme (XVIIᵉ s.), *De Rêves et de fers : les enquêtes surnaturelles du juge Pao*
Divers, *Divagations sur poèmes Tang.*
Samuel V. Constant, *Colporteurs des rues de Pékin (1936)*
Ouvrages bilingues :
       La Maison de thé, Lao She
       Réveiller les morts, Lu Xun
       En forgeant les épées, Lu Xun

Chez Gallimard, Série Noire

Chang Kuo-li, *Le Sniper, le Président et la Triade,* 2021 (thriller)
Chang Kuo-li, *Le Sniper, son wok et son fusil,* 2021 (thriller)

Aux éditions Cambourakis

Zuo Ma, *Bus de nuit,* 2020 (roman graphique)

Chez Denoël, collection Sueurs froides

Chan Ho-kei, *Hong Kong Noir,* 2016 (roman policier)

Aux Presses de la Cité

Yan Ge, *Une Famille explosive,* 2017 (comédie de mœurs)

Chez You Feng, libraire et éditeur

Xue Tao, *Grain de sable & Poussière d'étoiles,* 2023, roman jeunesse
Zhao Yu, *Sept lettres perdues : à la recherche de la Daili de Ba Jin,* 2022, roman-reportage
Divers, *Le Banquet de Hongmen,* 2021, BD traditionnelle, bilingue
Alai, *La Montagne vide,* 2019 (roman)
Petit Lexique français-chinois des onomatopées, interjections et autres bruits,
   avec 600 exemples tirés de la littérature chinoise contemporaine.
Divers, *Les Martyrs des monts No-Waang* (BD traditionnelle, bilingue)
Divers, *Les Aventures de Koxinga* (BD traditionnelle, bilingue)
Chen Lai, *Les Valeurs fondamentales de la civilisation chinoise* (philosophie)
Divers, *Biographie illustrée de Tu Youyou, prix Nobel 2015 de médecine.*

LU XUN

LA VÉRIDIQUE HISTOIRE D'AH Q

Édition bilingue

+ *pinyin* & *notes*

Traduit du chinois et commenté par Alexis Brossollet

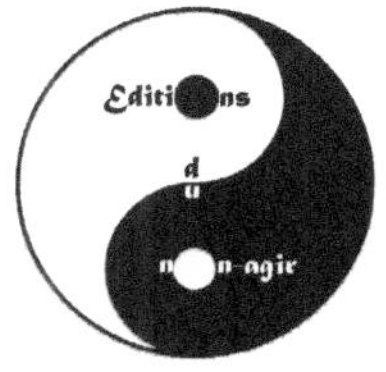

Titre original 阿 Q 正传

par 鲁迅 （1921）

© Éditions du non-agir
Paris, avril 2015 pour la traduction et l'édition bilingue
Édition révisée 2024
Dépôt légal : mai 2015

Imprimé en Union européenne

ISBN 979-10-92475-31-9

SOMMAIRE

REMERCIEMENTS

La préface (présentation de l'œuvre et de son importance) est, pour l'essentiel, reproduite et adaptée à partir du site internet *www.chinese-shortstories.com* sur la littérature chinoise, avec l'aimable autorisation de Mme Brigitte Duzan, que nous souhaitons remercier ici.

Préface

Présentation & mode d'emploi de l'édition bilingue
Transcription du chinois

L'esprit de l'œuvre.

LE PRÉSENT OUVRAGE constitue l'édition bilingue d'une nouvelle traduction du récit de Lu Xun, *La véridique histoire d'Ah Q*, d'abord publié dans la presse sous forme de feuilleton entre le 4 décembre 1921 et le 12 février 1922, puis en 1923 dans le recueil *L'appel aux armes*. La nouvelle était la plus longue des quatorze du recueil, et en est sans doute la plus célèbre, en Chine comme en Occident.

Le recueil et la nouvelle ont déjà fait l'objet de plusieurs traductions, dont nous citerons ici celles de M. Hémery-Valette (1973, sous le titre de *La Véridique Histoire de Ah Q*), de Jean Guiloneau (1981) et de Michelle Loi (1990), qui ne sont plus en vente, et la dernière en date, de Sébastien Veg. Cette nouvelle traduction ne cherche pas à se substituer à celles-là, qui ont chacune leurs mérites ; son objet, et sa justification, sont d'offrir aux apprenants de la langue chinoise une édition bilingue, voire « trilingue » (chinois - pinyin - français), dotée d'un fort appareil de notes culturelles, historiques et lexicales (près de 250 notes) pour aider à la compréhension du texte et du contexte.

Chaque double page du livre porte à gauche la version originale chinoise ainsi que la transcription *pinyin*, et en regard à droite sa traduction française. Pour faciliter la lecture et la compréhension, sont données en notes de bas de page les prononciations et définitions d'un certain nombre de caractères ou d'expressions plus rares ainsi que des notes explicatives à caractère culturel. Le signe (…) apparaît quand, pour les besoins de place et/ou de mise en page en vis-à-vis des deux versions, il a fallu couper un paragraphe, une phrase ou une réplique et renvoyer sa suite deux pages plus loin.

Pour garder la cohérence dans les apprentissages, le système de transcription en caractères latins du chinois utilisé dans cette édition est le *pinyin*, système officiel de la République populaire de Chine, qui n'existait pourtant pas à l'époque où Lu Xun écrivit cette nouvelle et celles qui l'accompagnaient[*].

*

L'histoire se passe au moment de la Révolution de 1911, ou *Révolution Xinhai*, dans un bourg du nom de Weizhuang, village fictif de la région de Shaoxing, ville natale de l'auteur. Le nom du bourg est déjà tout un programme puisqu'il signifie « le village qui ne fut pas ». Ah Q est un paysan sans éducation et sans occupation fixe, qui vit une existence précaire, hébergé dans le temple des dieux de la ville. C'est un trublion méprisé de tous et traité de tous les noms, capable au besoin de se traiter lui-même d'insecte pour se sortir d'une mauvaise passe, mais qui cherche noise à tout le monde à tout bout de champ, et se fait rosser en conséquence. Dès le premier chapitre, Lu Xun décrit son personnage comme un individu aussi anonyme que possible (on ne connaît ni son nom, ni son véritable prénom), et qui plus est un individu sans attaches familiales, donc forcément problématique. Ce pauvre hère, méprisable et pitoyable, est donc pour Lu Xun l'occasion d'une double satire d'une ironie cinglante.

[*] En ceci l'édition bilingue diffère de l'édition monolingue qui utilise le système de l'École française d'Extrême-Orient (EFEO).

D'abord, Ah Q est, dans l'esprit de l'auteur, emblématique du peuple chinois et de sa mentalité, à l'orée du XXe siècle et alors que la dynastie Qing, fondée deux siècles et demi auparavant par les envahisseurs mandchous, vit ses derniers instants : il est prompt à s'attaquer au plus faible, comme la petite nonne qu'il harcèle en provoquant l'hilarité générale, mais veule devant les plus forts et les riches dont il accepte les coups sans broncher. Lu Xun fait de ce trait de caractère l'une des raisons de l'op-pression prolongée dont le peuple chinois a souffert, et la cause principale de son retard, l'autre étant la croyance imperturbable en sa supériorité naturelle sur les autres peuples du monde, traditionnellement qualifiés de barbares. La mentalité de groupe, mentalité grégaire qui pousse à rire du malheur du plus faible, et à se montrer parfaitement apathiques face à la tyrannie du plus fort, est un autre trait entraînant la perpétuation des injustices sociales.

L'autre objet de la satire est la révolution de 1911, dont les conséquences à terme avaient été une déception pour Lu Xun, et qu'il considérait comme un échec.

Dans la nouvelle, la « révolution » est un mot vide de sens, que tout le monde utilise à ses fins propres, les uns pour se donner de l'importance, les autres pour piller, les puissants pour ne pas perdre leur autorité. Finalement, tout le monde se retrouve "révolutionnaire".

La critique est donc sombre et amère. Le constat et le message de Lu Xun étaient que les masses paysannes avaient des mentalités tellement attardées qu'un simple changement de gouvernement ne pouvait rien y changer. Comme il le dit dans la préface de *L'appel aux armes*, ce qu'il fallait au peuple, c'était une « médecine de l'âme » :

···我们的第一要著，是在改变他们的精神，而善于改变精神的是，我那时以为当然要推文艺···

« *...la tâche la plus importante était de changer les esprits, et il m'apparut alors que, pour ce faire, il fallait en priorité développer l'art et la littérature...* »

Mais, dans *La véridique histoire d'Ah Q*, il n'y a que constat critique, pas même une allusion à une possible rédemption. Ah Q meurt sous la risée de la foule qui lui réclame une chanson…

Plus tard, la position de Lu Xun évoluera encore, et il dira en 1925 de la révolution Xinhai : « J'ai le sentiment que ce qu'on appelle la République de Chine n'existe plus. J'ai le sentiment que, avant la révolution, j'étais un esclave, mais que, peu après, j'ai été dupé par des esclaves et suis devenu le leur. » Cette désillusion l'amena à la conclusion, dès 1927, que la littérature seule, contrairement à ce qu'il avait rêvé quand il était au Japon, ne pourrait pas entraîner de changement radical, mais qu'il faudrait des hommes pour mener un mouvement révolutionnaire, et qu'ils ne pourraient réussir que par la force.

Il était donc normal que les dirigeants du Parti communiste reconnaissent en lui l'un de ceux qui ont esquissé les grandes lignes du futur communiste. Mao Zedong le définit comme le « commandant en chef de la révolution culturelle de la Chine » (sans majuscules, car il ne s'agit pas, bien entendu, du mouvement politique terrible qui secoua la Chine dans les années soixante).

En même temps, cependant, l'engagement de Lu Xun en faveur du mouvement du 4 mai, taxé de « cosmopolite », a longtemps été plus ou moins passé sous silence car il gênait le Parti. Par ailleurs, Lu Xun était un esprit indépendant, participant aux discussions et aux débats intellectuels des années vingt et trente, et les encourageant ; il n'avait pas hésité à contester l'alliance avec le Guomingdang et son engagement dans la Ligue des droits de l'homme était embarrassant ; il était difficile de le faire entrer dans le cadre de plus en plus rigide de la ligne du Parti encadrant la littérature et la vie artistique en général.

Enfin, le style propre de Lu Xun, allusif, satirique et ironique, allait à l'encontre des impératifs de clarté et de réalisme imposés par le Parti. Mao en personne a écrit qu'il ne fallait pas imiter le style de Lu Xun mais « crier sans recourir à des expressions voilées et détournées qui sont difficiles à comprendre pour le peuple. » Cette ambivalence est toujours de mise aujourd'hui. On continue à le louer comme l'un des pères du nouveau régime et du système socialiste, alors même ses œuvres ont été récemment retirées des manuels scolaires : trop difficiles à comprendre… et, dans le cas particulier de la présente nouvelle, d'un caractère trop négatif quant aux retombées de toute révolution.

Aujourd'hui encore, l'expression « mentalité à la Ah Q » ou « esprit Ah Q » (阿 Q 精神 *A Gui jīngshén*) est utilisée pour désigner ironiquement l'attitude de quelqu'un qui vit dans l'illusion d'une fausse supériorité sur les autres, ou qui se berce de prétextes pour ne pas affronter la réalité, attitude éminemment narcissique qui transforme chaque échec en « victoire spirituelle ».

一

序

　我要给阿 Q 做正传，已经不止一两年了。但一面要做，一面又往回想，这足见我不是一个《立言》[1] 的人，因为从来不朽之笔，须传不朽之人，于是人以文传，文以人传 [2] ——究竟谁靠谁传，渐渐的不甚了然起来，而终于归接到传阿Q，仿佛思想里有鬼似的。

　然而要做这一篇速朽的文章，才下笔，便感到万分的困难了。第一是文章的名目。孔子曰，《名不正则言不顺》[3]。这原是应该极注意的。传的名目很繁多：列传，自传，内传，外传，别传，家传，小传 [4]……，而可惜都不合。 （…）

YĪ

Xù

　Wǒ yào gěi Ā Qiu zuò zhèngzhuàn, yǐjīng bùzhǐ yī liǎng nián le. Dàn yīmiàn yào zuò, yīmiàn yòu wǎng huí xiǎng, zhè zú jiàn wǒ búshì yī gè "lì yán" de rén, yīnwèi cónglái bù xiǔ zhī bǐ, xū zhuàn bù xiǔ zhī rén, yúshì rén yǐ wén chuán, wén yǐ rén chuán – jiūjìng shéi kào shéi chuán, jiànjiàn de búshèn liǎorán qǐlái, ér zhōngyú guī jiēdào zhuàn Ā Qiu, fǎngfú sīxiǎng lǐ yǒu guǐ shìde.

　Rán'ér yào zuò zhè yìpiān sù xiǔ de wénzhāng, cái xià bǐ, biàn gǎndào wànfēn de kùnnan le. Dìyī shì wénzhāng de míngmù. Kǒngzǐ yuē, "míng bù zhèng zé yán bù shùn". Zhè yuán shì yīnggāi jí zhùyì de. Zhuàn de míngmù hěn fánduō : lièzhuàn, zìzhuàn, nèizhuàn, wàizhuàn, biézhuàn, jiāzhuàn, xiǎozhuàn... ér kěxī dōu bùhé.

---

1. Ce terme renvoie à celui utilisé dans la phrase suivante, 不朽, « éternel, immortel ». L'ouvrage classique 左传 *Commentaires de Zuo* (IVᵉ siècle avant notre ère) attribue à un officiel du royaume de Lu la paternité des « Trois éternels » (不朽三) : les actes vertueux (立德), les succès pour la patrie (立功), la gloire littéraire (立言).

2. L'auteur joue ici sur deux sens différents du caractère 传 : *chuán* « transmettre à la postérité », et *zhuàn* « biographie ».

Un

Introduction

VOILÀ QUELQUE TEMPS DÉJÀ – plus d'un ou deux ans – que je songeais à écrire la biographie d'Ah Q. Mais si d'un côté l'envie m'en tenaillait, de l'autre je procrastinais, ce qui suffirait à prouver que je ne suis pas de ceux qui recherchent la gloire littéraire. Car les auteurs immortels se consacrent depuis toujours à d'immortels sujets, pour que le sujet se survive à lui-même à travers l'œuvre, et l'œuvre à travers son sujet – de sorte que l'on finit par ne plus savoir lequel, du chroniqueur ou du sujet, se repose sur l'autre pour accéder à la postérité. Mais moi je revenais, encore et toujours, à l'idée d'écrire sur Ah Q, comme si j'en étais possédé.

Quand enfin je me suis attelé à la rédaction de ces lignes bien moins qu'immortelles, je me suis retrouvé confronté à d'extraordinaires difficultés.

La première : le choix du titre. Confucius a dit : « Si les Noms sont incorrects, on ne peut tenir de discours cohérent ». Il faut donc prêter à cette question une attention extrême. Il y a toutes sortes de biographies : celles qui sont couchées dans les annales historiques ; les autobiographies ; les légendes ; les biographies non-autorisées et les supplémentaires ; les longues chroniques familiales et les courtes notices nécrologiques... mais malheureusement, aucune ne convenait à mon propos. (...)

3. Nous empruntons la traduction de cette célèbre citation de Confucius à Anne Cheng (*Entretiens de Confucius*, Seuil, Paris 1981, p. 103).

4. Ces différents types de biographies ou chroniques, qui constituent une part importante de la tradition littéraire chinoise, n'ont pas toutes d'équivalent exact en français. Il a donc fallu adapter. Par ailleurs Lu Xun n'attribue pas au terme 内传 son sens habituel de « recueil d'anecdotes ou de rumeurs » ; en 1931, pour la préface de la traduction japonaise de *Ah Q,* il explique que 内传 était « jadis utilisé par les maîtres taoïstes pour noter les faits et gestes des Immortels ».

（…）"列传"么，这一篇并非和许多阔人排在"正史"里；"自传"么，我又并非就是阿 Q。说是"外传"，"内传"在<u>那</u>[1]里呢？倘用"内传"，阿 Q 又决不是神仙。"别传"呢，阿 Q 实在未曾有大总统上谕宣付国史馆立"本专"——虽说英国正史上并无"博徒列传"，而文豪<u>迭更司</u>[2]也做过《<u>博徒别传</u>》[3]这一部书，但文豪则可，在我辈却不可。其次是"家传"，则我既不知与阿 Q 是否同宗，也未曾受他子孙的拜托；或"小传"，则阿 Q 又更无别的"大传"了。总而言之，这一篇也便是"本传"，但从我的文章着想，因为文体卑下，是"引车卖浆者流"所用的话，所以不敢僭称，便从不入<u>三教九流</u>[4]的小说家所谓"闲话休题言归正传"这一句套话里，取出"正传"两个字来，作为名目，（…）

"Lièzhuàn" me, zhè yìpiān bìng fēi hé xǔduō kuòrén pái zài "zhèngshǐ" lǐ ; "zìzhuàn" me, wǒ yòu bìng fēi jiùshì Ā Qiu. Shuō shì "wàizhuàn", "nèizhuàn" zài nǎli ne ? Tǎng yòng "nèizhuàn", Ā Qiu yòu juébúshì shénxiān. "Biézhuàn" ne, Ā Qiu shízài wèi céng yǒu dà zǒngtǒng shàngyù xuānfù Guóshǐguǎn lì "běnzhuān" – suīshuō Yīngguó zhèngshǐ shàng bìng wú "Bótú lièzhuàn", ér wénháo Diégēngsī yě zuò guò "Bótú biézhuàn" zhè yī bù shū, dàn wénháo zé kě, zài wǒ bèi què bù kě. Qícì shì "jiāzhuàn", zé wǒ jì bùzhī yǔ Ā Qiu shìfǒu tóngzōng, yě wèi céng shòu tā zǐsūn de bàituō ; Huò "xiǎozhuàn" zé Ā Qiu yòu gèng wú biéde "dàzhuàn" le. Zǒngér-yánzhī, zhè yìpiān yě biàn shì "běnzhuān", dàn cóng wǒde wénzhāng zhuóxiǎng, yīnwèi wéntǐ bēixià, shì Yǐn chē mài jiāng zhě liú" suǒ yòng de huà, suǒyǐ bù gǎn jiànchēng, biàn cóng bù rù sānjiào-jiǔliú de xiǎoshuōjiā suǒwèi "xián huà xiū tí yán guī zhèngzhuàn" zhè yī jù tàohuà lǐ, qǔ chū "zhèngzhuàn" liǎng gè zì lái, zuòwéi míngmù, (...)

1 Le caractère 那 pouvait autrefois être substitué à 哪. Ce sens n'est plus aujourd'hui utilisé en Chine populaire。

2 Transcription chinoise usuelle du nom de (Charles) Dickens.

3 Il s'agit du titre de la traduction chinoise parue en 1915 du roman *Rodney Stone*, publié en 1896 et dont l'auteur était en fait Arthur Conan Doyle. Lu Xun a reconnu en 1926 s'être trompé dans l'attribution à Dickens.

(...) La présente biographie ne peut en effet prétendre à figurer dans les « annales » comme celles des grands hommes. N'étant assurément pas Ah Q, je ne peux la qualifier d'autobiographie. Ni d'ailleurs de « légende », de « non-autorisée » ou de « 'supplémentaire » : il faudrait qu'Ah Q soit légendaire, ou qu'une biographie « autorisée » existât quelque part. Or aucun président n'a jamais émis d'édit ordonnant à son Institut national d'Histoire de rédiger quoi que ce soit sur ce personnage ! Certes, l'éminent écrivain Charles Dickens a écrit une *Biographie supplémentaire d'un joueur*, alors que les annales historiques britanniques n'ont jamais inclus de *Biographie d'un joueur*. Mais ce qu'un auteur si fameux a pu se permettre sera à tout jamais interdit à ceux de ma génération. « Chronique familiale » ? Je n'ai pas connaissance d'un quelconque lien de parenté me reliant à Ah Q, ni n'ai reçu mandat de ses descendants. Enfin, pour qu'une « notice » suffise, il eût fallu qu'une biographie complète lui préexistât.

Bref, cet ouvrage relève bien en fin de compte du genre exalté de la « biographie », mais je n'ose usurper un tel titre : à l'examen, ma prose apparaît d'un style si vil qu'elle ressort plutôt du langage des tireurs de pousse et des épiciers. Aussi dois-je me contenter d'emprunter ce terme de « véridique histoire » à tous ces romanciers, auteurs de bas étage, qui écrivaient « Assez de ces digressions ! Revenons à la véridique histoire de... »

4. 三教九流 *sānjiào jiǔliú* (il s'agit d'un *chengyu*, 成语, une expression figée le plus souvent en quatre caractères. À part les plus fréquents, les *chengyu* seront expliqués dans les notes) : « Trois religions et neuf écoles » : soit le confucianisme, le taoïsme et le bouddhisme d'une part, et les plus importantes écoles de pensée des Royaumes Combattants d'autre part (confucianistes, taoïstes, légistes, moïstes, sophistes, stratégistes, éclectiques, agriculturalistes, adeptes de l'école Yin-Yang). Ici l'auteur reprend ironiquement l'opinion traditionnelle des lettrés chinois, selon laquelle les romans ne méritent pas d'être considérés comme de la littérature « sérieuse ». Les romanciers, « dixième école », ne constituent pas une école de pensée convenable. Ce *chengyu* peut aussi avoir un sens dérivé, péjoratif : « de tout acabit », « en tous (mauvais) genres ».

（…）即使与古人所撰《书法正传》[1] 的"正传"字面上很相混，也顾不得了。

第二，立传的通例，开首大抵该是"某，字某，某地人也"，而我并不知道阿Q姓什么。有一回，他似乎是姓赵，但第二日便模糊了。那是赵太爷的儿子进了秀才的时候，锣声镗镗的报到村里来，阿Q正喝了两碗黄酒，便手舞足蹈的说，这于他也很光采，因为他和赵太爷[2] 原来是本家，细细的排起来他还比秀才长三辈呢。其时几个旁听人倒也肃然的有些起敬了。那知道第二天，地保[3] 便叫阿Q到赵太爷家里去；太爷一见，满脸溅朱[4]，喝[5]道：

"阿Q，你这浑小子[6]！你说我是你的本家么[7]？"

阿Q不开口。

赵太爷愈看愈生气了，抢进几步说：

(...) jíshǐ yǔ gǔrén suǒ zhuàn « Shūfǎ zhèng chuán » de "zhèng chuán" zìmiàn shàng hěn xiānghùn, yě gùbude le.

Dì èr, lì zhuàn de tōnglì, kāi shǒu dàdǐ gāi shì "Mǒu, zì Mǒu, mǒu dì rén yě", ér wǒ bìngbù zhīdào Ā Qiu xìng shénme. Yǒu yī huí, tā sìhū shì xìng Zhào, dàn dì èr rì biàn móhu le. Nà shì Zhào tàiyé de érzi jìn le xiùcái de shíhòu, luó shēng tāngtāng de bào dào cūn lǐ lái, Ā Qiu zhèng hē le liǎng wǎn huángjiǔ, biàn shǒuwǔ-zúdǎo de shuō, zhè yú tā yě hěn guāng cǎi, yīnwèi tā hé Zhào tàiyé yuánlái shì běnjiā, xìxì de pái qǐlái tā hái bǐ xiùcái cháng sān bèi ne. Qíshí jǐge pángtīng rén dào yě sùrán de yǒu xiē qǐ jìng le. Nǎ zhīdào dì èr tiān, dìbǎo biàn jiào Ā Qiu dào Zhào tàiyé jiā lǐ qù ; tàiyé yī jiàn, mǎn liǎn jiàn zhū, hè dào :

"Ā Qiu, nǐ zhè húnxiǎozi ! Nǐ shuō wǒ shì nǐ de běnjiā ma ? "

Ā Qiu bù kāikǒu.

Zhào tàiyé yù kàn yù shēngqì le, qiǎng jìn jǐ bù shuō :

1. Ouvrage célèbre sur la calligraphie, de Feng Wu (冯武), auteur du XVIIe siècle. Dans ce cas, 正传 ne signifie pas « véridique histoire » comme dans les itérations précédentes du terme, mais est l'abréviation de 正确的 传授, soit « transmettre (à la postérité) de façon correcte ». Voir note 2 p. 14.

2. 太爷 *tàiyé* : cette appellation (« grand-père ») sert d'habitude pour désigner le mandarin (magistrat, ou sous-préfet) du district. La version qui est normalement utilisée comme terme respectueux pour les notables locaux est 老太爷.

(…) Et si ce choix prête à confusion avec le titre d'un célèbre ouvrage sur la calligraphie, que nous devons à nos
Anciens, eh bien tant pis.

Deuxième difficulté : la tradition veut que les biographies commencent en général par « X, prénommé Y, né à
tel endroit », mais je n'ai aucune idée du nom de famille
d'Ah Q.

Un jour, il lui a bien semblé s'appeler Zhao, mais dès le
lendemain il n'en était plus si certain. Le fils de Monsieur
Zhao avait décroché son titre de Bachelier aux examens
mandarinaux du district et revenait triomphalement au village, au son des gongs. Ah Q venait de s'enfiler deux bols
de vin jaune et dansait de joie, affirmant tirer gloire, lui
aussi, de l'événement : n'était-il pas de la même famille que
M. Zhao ? D'ailleurs, à y regarder de plus près, il était placé
trois générations devant le nouveau Bachelier. Autour de
lui, quelques-uns de ses auditeurs se prenaient soudain à lui
témoigner un respect tout neuf. Mais le jour d'après, l'agent
de la police rurale lui enjoignit de se rendre à la résidence
des Zhao. À la vue d'Ah Q, le patriarche hurla, le visage
empourpré :

« Ah Q, pauvre crétin ! As-tu osé prétendre que j'étais
de ta famille ? »

Ah Q resta coi.

Plus Zhao le contemplait, plus il enrageait. Il s'avança
sur lui de quelques pas :

3. 地保 *dìbǎo* « gardien local » : à la fin de l'Empire et au début de la période
républicaine, ce représentant du magistrat du district était responsable du
maintien de l'ordre pour un ou plusieurs villages.

4. Il s'agit d'un *chengyu,* sans difficulté de compréhension.

5. Attention : on rencontre sur cette page les deux prononciations et sens différents de 喝 : *hē* « boire », et *hè* « crier, hurler ».

6. 浑小子 *húnxiǎozi* : cette insulte (qui s'adresse à quelqu'un de plus jeune
que soi) peut aussi s'écrire 混小子 (même prononciation). Aujourd'hui la
version 浑蛋/混蛋 *húndàn* est plus courante.

7. Ici prononcé *ma,* employé à la place de 吗 (usage ancien).

“你敢胡说！ 我怎么会有你这样的本家？ 你姓赵么？ ”

阿 Q 不开口，想往后退了；赵太爷跳过去，给了他一个嘴巴。

“你怎么会姓赵！ ——你那里配姓赵！ ”

阿 Q 并没有抗辩他确凿姓赵，只用手摸着左颊，和地保退出去了；外面又被地保训斥了一番，谢了地保二百<u>文</u> [1] 酒钱。知道的人都说阿 Q 太荒唐，自己去招打；他大约未必姓赵，即使真姓赵，有赵太爷在这里，也不该如此胡说的。此后便再没有人提起他的氏族来，所以我终于不知道阿 Q 究竟什么姓。

第三，我又不知道阿 Q 的名字是怎么写的。他活着的时候，人都叫他阿 <u>Quei</u> [2]，死了以 后，便没有一个人再叫阿 Quei 了，那里还会有“<u>著之竹 帛</u>” [3] 的事。若论“著之竹帛”，这篇文章要算第一次，所以先遇着了这第一个难关。(…)

"Nǐ gǎn húshuō ! Wǒ zěnme huì yǒu nǐ zhèyàng de běnjiā ? Nǐ xìng Zhào ma ?"

Ā Qiu bù kāikǒu, xiǎng wǎnghòu tuì le ; Zhào tàiyé tiào guòqu, gěi le tā yīgè zuǐba.

"Nǐ zěnme huì xìng Zhào ! Nǐ nàli pèi xìng Zhào !"

Ā Qiu bìng méiyǒu kàngbiàn tā quèzáo xìng Zhào, zhǐ yòng shǒu mōzhe zuǒ jiá, hé dìbǎo tuì chūqù le. Wàimian yòu bèi dìbǎo xùnchì le yī fān, xiè le dìbǎo èrbǎi wén jiǔqián. Zhīdào de rén dōu shuō Ā Qiu tài huāngtáng, zìjǐ qù zhāo dǎ ; tā dàyuē wèibì xìng Zhào, jíshǐ zhēn xìng Zhào, yǒu Zhào tàiyé zài zhèlǐ, yě bù gāi rúcǐ húshuō de. Cǐhòu biàn zài méiyǒu rén tí qǐ tā de shìzú lái, suǒyǐ wǒ zhōngyú bù zhīdào Ā Qiu jiūjìng shénme xìng.

Dì sān, wǒ yòu bù zhīdào Ā Qiu de míngzi shì zěnme xiě de. Tā huózhe de shíhòu, rén dōu jiào tā Ā *Guì*, sǐ le yǐhòu, biàn méiyǒu yīgè rén zài jiào Ā *Guì* le, nàli hái huì yǒu "zhù zhī zhú bó" de shì. Ruò lún "zhù zhī zhú bó", zhè piān wénzhāng yào suàn dì yī cì, suǒyǐ xiān yù zháo le zhè dì yī gè nánguān. (...)

---

1 文 *wén :* l'un des sens les plus rares (aujourd'hui du moins) de ce caractère est celui de spécificatif pour les sapèques de cuivre qui étaient la monnaie de base : 一文铜钱.

« Il faut en avoir du toupet pour sortir de telles foutaises ! Comment pourrais-je avoir un tel parent ? Alors comme ça, tu t'appelles Zhao, hein ? »

Ah Q se taisait toujours et crut opportun de reculer ; M. Zhao bondit en avant et le gifla.

« Comment pourrais-tu t'appeler Zhao – tu ne mérites pas de t'appeler Zhao ! »

Ah Q ne tenta pourtant pas d'arguer qu'il s'appelait effectivement Zhao. Frottant d'une main sa joue gauche, il se retira avec le policier, qui le morigéna derechef sitôt au dehors. Il dut pour cela le remercier de deux cents pièces de cuivre en guise de pourboire. Les gens au courant de l'affaire affirmèrent tous qu'Ah Q était par trop stupide et qu'il avait tendu les verges pour se faire battre. Il ne s'appelait très probablement pas Zhao, et quand bien même : jamais il n'aurait dû ouvrir ainsi sa grande bouche alors qu'un M. Zhao vivait dans le voisinage.

Après ça, plus personne n'évoqua jamais la question des origines claniques d'Ah Q ; voilà pourquoi je ne connais toujours pas son nom.

Troisième difficulté : je ne sais pas non plus comment s'écrit son prénom. De son vivant, tout le monde l'appelait Ah Quei, mais après sa mort plus personne ne l'appelait du tout ; comment son nom aurait-il donc pu passer à la postérité ?

Le présent ouvrage étant le tout premier à se préoccuper de ladite postérité, je me suis trouvé dès l'abord face à cet obstacle primordial. (…)

---

2 Comme l'indique la suite du texte (note 1 page suivante), cette transcription phonétique approximative du nom de Ah Q correspond au pinyin *gui*.

3 著之竹帛 *zhù zhī zhú bó*. 著 : écrire ; 竹帛 désigne les lamelles de bambou et les fines étoffes de soie utilisées pour écrire avant l'invention du papier. Cette expression signifie donc « inscrire faits et gestes dans les annales ». Elle remonte au IIIe s. avant notre ère.

（……）我曾仔细想：阿 Quei，阿桂还是阿贵[1] 呢？倘使他号月亭，或者在八月间做过生日，那一定是阿桂了[2]；而他既没有号——也许有号，只是没有人知道他，——又未尝散过生日征文的帖子：写作阿桂，是武断的。又倘使他有一位老兄或令弟叫阿富，那一定是阿贵了[3]；而他又只是一个人：写作阿贵，也没有佐证的。其余音 Quei 的偏僻字样，更加凑不上了。

先前，我也曾问过赵太爷的儿子茂才先生，谁料博雅如此公，竟也茫然，但据结论说，是因为陈独秀[4] 办了《新青年》提倡洋字[5]，所以国粹[6] 沦亡，无可查考了。

(...) Wǒ céng zǐxì xiǎng : Ā Guì, Ā Guì háishi Ā Guì ne ? Tǎngshǐ tā hào Yuètíng, huòzhě zài bāyuè jiān zuò guò shēngrì, nà yīdìng shì Ā Guì le ; ér tā jì méiyǒu hào — yěxǔ yǒu hào, zhǐshì méiyǒu rén zhīdào tā, yòu wèicháng sàn guò shēngrì zhēngwén de tiězi : xiězuò Ā Guì, shì wǔduàn de. Yòu tǎng shǐ tā yǒu yī wèi lǎoxiōng huò lìngdì jiào Ā Fù, nà yīdìng shì Ā Guì le ; ér tā yòu zhǐshì yīgè rén : xiězuò Ā Guì, yě méiyǒu zuǒzhèng de. Qíyú yīn Gui de piānpì zì yàng, gèngjiā còu bù shàng le.

Xiānqián, wǒ yě céng wènguò Zhào tàiyé de érzi màocái xiānsheng, shéi liào bóyǎ rúcǐ gōng, jìng yě mángrán, dàn jù jiélùn shuō, shì yīnwèi Chén Dúxiù bàn le « Xīn Qīngnián » tíchàng yáng zì, suǒyǐ guó cuì lún wáng, wú kě chá kǎo le.

1. Les deux caractères 桂 et 贵, tous deux prononcés *gui*, sont souvent utilisés en prénoms. L'« osmanthe » est une famille de plantes odoriférantes et ornementales dont 23 espèces existent en Chine. Aux autres tons, *gui* est moins heureux, puisqu'il évoquerait alors la tortue (龟 *guī*), animal dont l'image est fréquemment associée aux cocus ou au pénis, ou les esprits et fantômes (鬼 *gui*). D'où l'importance de cultiver une prononciation correcte des tons pendant l'apprentissage de la langue…

2. L'osmanthe est lié traditionnellement à la Lune car cet arbre fleurit pendant le huitième mois, mois de la fête de la Lune. Selon les légendes chinoises, l'un de ces arbres pousse sur la Lune.

3. Il est de coutume de prénommer les enfants d'une même génération, soit du même caractère, en 1re partie du prénom si celui-ci en *(...)*

(…) J'y ai réfléchi point par point : le Quei d'Ah Quei, correspond-il au caractère signifiant *osmanthe*, ou à celui pour *précieux* ? Si Ah Q avait porté le nom de plume de « Pavillon de la Lune », ou s'il avait eu son anniversaire pendant le huitième mois, mois de la fête de la Lune, alors il s'agirait bien sûr de l'osmanthe – plante intimement liée à l'astre nocturne. Mais il n'avait pas de nom de plume, ou s'il en avait un, personne n'en a jamais rien su. Et comme il n'a jamais, non plus, envoyé de carton d'invitation pour son anniversaire à quiconque, il serait éminemment arbitraire de faire le choix du nom d'Osmanthe.

Si, en revanche, il avait eu un frère, aîné ou cadet, portant un nom comme « Richesse », alors le caractère de précieux aurait été le bon choix. Mais il était fils unique ; il n'y a donc pas plus d'arguments pour privilégier Précieux.

Quant aux autres caractères excentriques se prononçant Quei, mieux vaut ne pas y songer...

J'ai aussi soumis la question à l'estimé Bachelier, fils de M. Zhao. Le croirez-vous ? Même un si brillant lettré fut bien en peine de me répondre. Ce qui ne l'a pas empêché de conclure que s'il n'avait pu mener à bien ses recherches, c'était de la faute de ce Chen Duxiu, le responsable de la dégénérescence de la culture chinoise, lui qui avait prôné l'adoption de l'alphabet latin dans sa revue *La Jeunesse*.

(…) comporte deux, soit de caractères appartenant au même champ lexical, comme ici, « précieux » 贵 et « richesse » 富.

4 陈独秀 *Chén Dúxiù* (1879-1942) : intellectuel marxiste chinois, fondateur en 1915 du journal *La Jeunesse (cf. la notice introductive)* et premier Secrétaire général du Parti communiste chinois (fondé à Shanghai en 1921), dont il sera pourtant exclu en 1929.

5 C'est bien dans « La Jeunesse » que fut lancée en 1918 cette proposition, mais son auteur en était le philologiste *Qián Xuántóng* 钱玄同 et pas Chen Duxiu. Cette erreur est sans doute volontaire de la part de Lu Xun, il l'attribuera plus tard... au bachelier !

6 国粹 *guócuì* : quintessence de la culture nationale (chinoise).

我的最后的手段，只有托一个同乡去查阿 Q 犯事的案卷，八个月之后才有回信，说案卷里并无与阿 Quei 的声音相近的人。我虽不知道是真没有，还是没有查，然而也再没有别的方法了。生怕注音字母[1]还未通行，只好用了"洋字"，照英国流行的拼法写他为阿 Quei，略作阿 Q。这近于盲从《新青年》，自己也很抱歉，但茂才公尚且不知，我还有什么好办法呢。

第四，是阿 Q 的籍贯了。倘他姓赵，则据现在好称郡望[2]的老例，可以照《郡名百家姓》[3]上的注解，说是"陇西[4]天水[5]人也"，但可惜这姓是不甚可靠的，因此籍贯也就有些决不定。(…)

Wǒde zuìhòu de shǒuduàn, zhǐyǒu tuō yīgè tóngxiāng qù chá Ā Qiu fànshì de ànjuàn, bā gè yuè zhīhòu cái yǒu huíxìn, shuō ànjuàn lǐ bìng wú yǔ Ā Qiu de shēngyīn xiāngjìn de rén. Wǒ suī bù zhīdào shì zhēn méiyǒu, háishi méiyǒu chá, ránér yě zài méiyǒu biéde fāngfǎ le. Shēngpà zhùyīn zìmǔ hái wèi tōngxíng, zhǐhǎo yòng le "yángzì", zhào Yīngguó liúxíng de pīnfǎ xiě tā wèi Ā *Guì*, lüè zuò Ā Qiu. Zhè jìn yú mángcóng « Xīn Qīngnián » zìjǐ yě hěn bàoqiàn, dàn màocái gōng shàng qiě bù zhī, wǒ háiyǒu shénme hǎo bànfǎ ne.

Dìsì, shì Ā Qiu de jíguàn le. Tǎng tā xìng Zhào, zé jù xiànzài hǎo chēng jùn-wàng de lǎolì, kěyǐ zhào « Jùn míng bǎijiāxìng » shàng de zhùjiě, shuō shì "Lǒng xī Tiānshuǐ rén yě", dàn kěxī zhè xìng shì bù shèn kěkào de, yīncǐ jíguàn yě jiù yǒuxiē jué bú dìng. (...)

1. 注音字母 *Zhùyīn zìmǔ* : « alphabet phonétique ». Système de transcription phonétique du mandarin introduit par le nouveau gouvernement républicain dans les années 1910. Il s'agit d'un alphabet dont les signes (aujourd'hui officiellement au nombre de 37) sont dérivés des composantes de certains caractères chinois. Remplacé par le *pinyin* en RPC à partir de 1958, il n'est plus en usage aujourd'hui qu'à Taïwan.

2. 郡望 : terme composé de 郡 *jùn*, « commanderie » (système de circonscriptions militaires remontant à la dynastie Han) et 望 *wàng*, abréviation de 望族 *wàngzú* « famille noble, distinguée ».

3. 郡名百家姓 : le 百家姓 *bǎijiāxìng* était un ouvrage scolaire très répandu, existant depuis la dynastie des Song, qui permettait aux enfants *(...)*

En ultime recours, j'ai demandé à l'un de mes compatriotes de Shaoxing de vérifier le casier d'Ah Q dans les dossiers de la Justice. La réponse est arrivée huit mois plus tard : rien dans les archives au nom d'Ah Quei, ou à un quelconque nom approchant. Je n'ai aucun moyen de savoir si c'est vrai ou pas, ou s'il a réellement fait l'effort de vérifier, mais je ne vois vraiment plus rien d'autre à tenter. Craignant que notre nouveau système national de transcription phonétique ne fût pas encore très répandu, je me suis donc résigné à utiliser un alphabet étranger, écrivant donc, à l'anglaise, Ah Quei, simplifié en Ah Q. Cela revient presque à suivre aveuglément les pres-criptions de *La Jeunesse*, et vous m'en voyez fort marri ; mais puisque même notre Bachelier n'a pu m'aider, je n'ai aucune autre solution.

Enfin, quatrième et dernière difficulté : le lieu d'origine d'Ah Q. S'il s'était bien appelé Zhao, alors, en suivant la vieille coutume, il nous aurait suffi de consulter les notes de l'ouvrage ancien *Les Noms des Cent Familles*, *classés par commanderies*, et l'on aurait trouvé : « Zhao, originaire de Tianshui dans la province du Gansu ». Mais ce nom de Zhao n'est, malheureusement, pas très crédible, et l'origine de notre homme n'est donc pas tout à fait certaine. (…)

(…) d'apprendre plusieurs centaines de caractères pouvant être aussi utilisés comme noms de famille. Il en existait une version qui assignait à chaque nom de famille, ou plutôt de « clan », son origine géographique réelle ou supposée. L'ouvrage commençait par le nom Zhao, nom de famille des empereurs Song.

4. 陇 *Lǒng* : nom monosyllabique de la province du Gansu. Les provinces et les grandes villes disposent d'un tel nom traditionnel qui permet une écriture plus rapide (un caractère au lieu de deux). Ils viennent des noms des anciens royaumes, localités ou particularités géographiques de l'Antiquité chinoise. En l'occurrence, *Long* vient de la commanderie de Longxi, « à l'ouest des Monts Long », remontant à la dynastie Han.

5. 天水 : située sur l'ancienne Route de la Soie, cette ville est aujourd'hui la seconde plus grande de la province du Gansu.

(⋯)他虽然多住未庄[1]，然而也常常宿在别处，不能说是未庄人，即使说是"未庄人也"，也仍然有乖[2]史法的。

我所聊以自慰的，是还有一个"阿"字非常正确，绝无附会[3]假借[4]的缺点，颇可以就正[5]于通人[6]。至于其余，却都非浅学所能穿凿，只　希望有"历史癖与考据癖"的胡适之[7]先生的门　人们，将来或者能够寻出许多新端绪来，但是我这《阿 Q 正传》到那时却又怕早经消灭了。

以上可以算是序。

(...) Tā suīrán duō zhù Wèizhuāng, rán'ér yě chángcháng sù zài biéchù, bùnéng shuō shì Wèizhuāng rén, jíshǐ shuō shì "Wèizhuāng rén yě", yě réngrán yǒu guāi shǐfǎ de.

Wǒ suǒ liáo yǐ zìwèi de, shì háiyǒu yīgè "Ā" zì fēicháng zhèngquè, jué wú fùhuì jiǎjiè de quēdiǎn, pō kěyǐ jiùzhèng yú tōngrén. Zhìyú qíyú, què dōu fēi qiǎnxué suǒ néng chuānzáo, zhǐ xīwàng yǒu "lìshǐ pǐ yǔ kǎojù pǐ" Hú Shìzhī xiānsheng de ménrénmen, jiānglái huòzhě nénggòu xún chū xǔduō xīn duānxù lái, dànshì wǒ zhè « Ā Qiu zhèngzhuàn » dào nàshí què yòu pà zǎo jīng xiāomiè le.

Yǐshàng kěyǐ suàn shì xù.

1. 未庄 : comme son nom le prouve (« le hameau qui ne fut pas »), Weizhuang est une localité imaginaire, quelque part autour de Shaoxing (province du Zhejiang), région d'origine de Lu Xun lui-même. En 2002, les autorités provinciales ont créé de toutes pièces à des fins touristiques un « Nouveau Weizhuang » (新未庄), à l'authenticité très douteuse, au vu des photos disponibles…

2. Attention, faux ami ! Ce caractère est généralement connu sous son sens le plus courant aujourd'hui, celui de « sage » (乖孩子, un enfant sage). Son sens classique est pourtant exactement l'inverse, puisqu'il peut signifier « pervers, anormal, peu convenable », et, en verbe (comme ici), « aller à l'encontre de, violer, désobéir à ».

(…) Il résidait bien la plupart du temps à Weizhuang, mais il a aussi souvent habité ailleurs, et on ne peut donc affirmer qu'il était de Weizhuang : ce serait attentatoire à la vérité historique.

J'ai cependant au moins un motif de consolation : le choix du caractère utilisé pour transcrire le Ah est parfaitement juste et ne repose en rien sur un quelconque emprunt phonétique plus ou moins forcé ; il peut donc subir avec succès l'examen des plus savants de nos lettrés. La solution des autres problèmes est hors de portée de personnes à l'éducation limitée ; je ne peux qu'espérer que des disciples de M. Hu Shi, ce « fou d'Histoire et d'Études textuelles », daignent un jour tenter d'y apporter de nouvelles lumières. Je crains toutefois que ma *Véridique histoire d'Ah Q* ne soit alors tombée dans l'oubli depuis belle lurette.

Comme introduction, ça devrait faire l'affaire.

3. 附会 *fùhuì* « donner une interprétation abusive ».

4. 假借 *jiǎjiè* « emprunt homophone » : l'une des six méthodes anciennes pour l'élaboration des caractères.

5. 就正 *jiùzhèng* : soumettre (un texte ou une œuvre) à la critique.

6. Le caractère 阿 (pinyin *ā*) est en effet très utilisé, surtout dans le sud de la Chine, pour former des diminutifs, en le plaçant devant une appellation ou devant une partie d'un prénom.

7. 胡适之 : Hu Shizhi (1891-1962), plus connu sous le nom de Hu Shi, le premier et l'un des plus virulents partisans de l'adoption du chinois vernaculaire dans la littérature. La citation entre guillemets est basée sur l'un de ses propres écrits.

二

优胜记略

阿 Q 不独是姓名籍贯有些渺茫，连他先前的"行状"[1] 也渺茫。因为未庄的人们之于阿 Q，只要他帮忙，只拿他玩笑，从来没有留心他的"行状"的。而阿 Q 自己也不说，独有和别人口角的时候，间或瞪着眼睛道：

"我们先前——比你阔的多啦！你算是什么东西！"

阿 Q 没有家，住在未庄的土谷祠[2] 里；也没有固定的职业，只给人家做短工，割麦便割麦，舂米便舂米，撑船便撑船。工作略长久时，他也或住在临时主人的家里，但一完就走了。所以，人们忙碌的时候，也还记起阿 Q 来，然而记起的是做工，并不是"行状"；(…)

Èr

Yōushèng jì lüè

Ā Qiu bùdú shì xìngmíng jíguàn yǒuxiē miǎománg, lián tā xiānqián de "xíngzhuàng" yě miǎománg. Yīnwèi Wèizhuāng de rénmen zhī yú Ā Qiu, zhǐyào tā bāngmáng, zhǐ ná tā wánxiào, cónglái méiyǒu liúxīn tā de "xíngzhuàng" de. Er Ā Qiu zìjǐ yě bù shuō, dú yǒu hé biéren kǒujiǎo de shíhòu, jiànhuò dèngzhe yǎnjīng dào :

"Wǒ men xiānqián — bǐ nǐ kuò de duō la ! Nǐ suàn shì shénme dōngxi !"

Ā Qiu méiyǒu jiā, zhù zài Wèizhuāng de tǔgǔ cí lǐ ; yě méiyǒu gùdìng de zhíyè, zhǐ gěi rénjia zuò duǎn gōng, gē mài biàn gē mài, chōng mǐ biàn chōng mǐ, chēng chuán biàn chēng chuán. Gōngzuò lüè chángjiǔ shí, tā yěhuò zhù zài línshí zhǔrén de jiā lǐ, dàn yī wán jiù zǒu le. Suǒyǐ, rénmen mánglù de shíhòu, yě hái jìqǐ Ā Qiu lái, ránér jìqǐ de shì zuògōng, bìng bù shì "xíngzhuàng" ; (...)

Deux

Petite chronique des victoires d'Ah Q

NON SEULEMENT LES NOM, prénom et origine d'Ah Q n'étaient pas très clairs, mais ses antécédents étaient, eux aussi, franchement vagues. Comme les relations qu'entretenaient avec lui les habitants de Weizhuang se résumaient à louer ses services ou à faire de lui leur souffre-douleur, personne n'avait jamais prêté attention à son passé. Ah Q n'évoquait pas la question, sauf quand il se prenait de querelle avec quelqu'un d'autre et criait, les yeux exorbités :

« Jadis nous étions… beaucoup plus riches que toi ! Pour qui tu t'prends? »

Il n'avait pas de domicile fixe et logeait dans le petit temple des dieux du sol et des céréales de Weizhuang. Et comme il n'avait pas non plusde profession fixe, il s'embauchait chez les autres pour de courts travaux. Avait-on besoin de lui pour les moissons, alors il passait la faux ; pour décortiquer le riz, il maniait le pilon, pour faire avancer une embarcation, il poussait la perche. Si les travaux se prolongeaient un peu, il pouvait coucher à proximité chez le patron, mais s'éclipsait dès qu'ils étaient terminés. Quand les gens étaient débordés, ils se souvenaient de lui, mais c'était pour le mettre au boulot, pas pour se soucier de sa vie d'avant ; (…)

---

1. 行状 : signifie « antécédents, expérience passée », mais peut aussi désigner depuis les Han (c'est sans doute la raison pour laquelle le terme est entre guillemets, car peu adapté au statut d'Ah Q) une notice biographique posthume rédigée par les amis ou disciples d'un personnage éminent.

2. 土谷祠 : chapelle dédiée au dieu tutélaire, ou dieu du Sol (土地) et aux dieux des Cinq Céréales (五谷神), divinités locales honorées depuis l'Antiquité.

(…)一闲空，连阿 Q 都早忘却，更不必说"行状"了。只是有一回，有一个老头子颂扬 说："阿 Q 真能做！"这时阿 Q 赤着膊，懒洋洋的瘦伶仃的正在他面前，别人也摸不着这话是真心还是讥笑，然而阿 Q 很喜欢。

阿 Q 又很自尊，所有未庄的居民，全不在他眼神里，甚而至于对于两位"文童 [1]"也有以为不值一笑的神情。夫 [2] 文童者，将来恐怕要变秀才者也；赵太爷钱太爷大受居民的尊敬，除有钱之外，就因为都是文童的爹爹 [3]，而阿 Q 在精神上独不表格外的崇奉，他 想：我的儿子会阔得多啦！加以进了几回城，阿 Q 自然更自负，然而他又很鄙薄城里人，譬如用三尺三寸宽的木板做成的凳子，未庄人叫"长凳"，他也叫"长凳"，城里人却叫"条 凳"，他想：这是错的，可笑！(…)

(...) Yī xiánkòng, lián Ā Qiu dōu zǎo wàngquè, gèng bù bì shuō "xíngzhuàng" le. Zhǐshì yǒu yī huí, yǒu yīgè lǎotóuzi sòngyáng shuō : "Ā Qiu zhēn néng zuò !" Zhè shí Ā Qiu chìzhe bó, lǎnyāngyāng de shòulíngdīng de zhèngzài tā miànqián, biéren yě mō bù zháo zhè huà shì zhēnxīn háishi jīxiào, ránér Ā Qiu hěn xǐhuan.

Ā Qiu yòu hěn zìzūn, suǒyǒu Wèizhuāng de jūmín, quán bùzài tā yǎnshén lǐ, shèn ér zhìyú duìyú liǎng wèi "wéntóng" yě yǒu yǐwéi bù zhí yī xiào de shénqíng. Fú wéntóng zhě, jiānglái kǒngpà yào biàn xiùcái zhě yě ; Zhào tàiyé Qián tàiyé dà shòu jūmín de zūnjìng, chú yǒu qián zhīwài, jiù yīnwèi dōu shì wéntóng de diēdie, ér Ā Qiu zài jīngshen shàng dú bù biǎo géwài de chóng fèng, tā xiǎng : wǒde érzi huì kuò de duō la ! Jiā yǐ jìn le jǐ huí chéng, Ā Qiu zìrán gèng zìfù, ránér tā yòu hěn bǐbó chéng lǐ rén, pìrú yòng sān chǐ sān cùn kuān de mùbǎn zuò chéng de dèngzi, Wèizhuāng rén jiào "chángdèng", tā yě jiào "chángdèng", chéng lǐ rén què jiào "tiáo dèng", tā xiǎng : Zhè shì cuò de, kěxiào ! (...)

1. 文童 *wéntóng,* 童生 *tóngshēng* : les étudiants n'ayant pas passé, ou pas réussi le premier niveau des examens mandarinaux étaient ainsi qualifiés « d'enfants étudiants », quel que soit leur âge.

(...) dès l'urgence passée, ils l'oubliaient vite fait, et à plus forte raison le reste de ce qui le concernait. Une fois, une seule, un vieillard fit son éloge : « Ce garçon met vraiment du cœur à l'ouvrage ! » À ce moment-là, Ah Q se prélassait devant lui, son maigre torse dénudé et la peau sur les os ; le vieux était-il sincère ou se moquait-il de lui ? Nul ne le sait, mais Ah Q n'en était pas moins ravi.

Il avait d'ailleurs une haute opinion de sa personne. Aucun des autres villageois ne comptait à ses yeux, au point qu'il refusait même de s'abaisser à se moquer des deux candidats aux examens. Et pourtant, de candidat, on a bien vocation à devenir bachelier un jour ; c'était cette perspective qui faisait que leurs progéniteurs respectifs, MM. Zhao et Qian, étaient unanimement respectés – en sus, bien entendu, de leur fortune. Seul Ah Q, dans son for intérieur, ne leur portait pas de vénération excessive, car, prophétisait-il :

« Mes enfants seront bien plus riches que les leurs ! »

À cette certitude se rajoutaient celles qui lui venaient tout naturellement de ses rares excursions à la ville, dont il méprisait cordialement les habitants. Ne qualifiaient-ils pas « d'escabeaux » ces sortes de tabourets en planches, longs de trois pieds trois pouces, que les habitants de Weizhuang et lui-même appelaient simplement des bancs ? Ridicule de se gourer ainsi, pensait-il. (...)

---

2. 夫 : il s'agit ici de la particule du chinois classique (comme l'ensemble de la phrase) prononcée *fú* (et non pas *fū*). Elle peut signifier « ceux-ci, ceux-là » ou « tous toutes », ou servir à attirer l'attention sur ce qui va suivre (tous ces sens conviennent ici).

3. 爹爹 *diēdie* : terme dialectal désignant, selon les régions, le père, ou (moins fréquemment) le grand-père. Ici le sens est conforme au dialecte de Shaoxing et signifie « papa », comme d'ailleurs en mandarin du Nord, alors que dans d'autres dialectes du groupe Wu beaucoup plus proches de celui de Shaoxing (à Shanghai par exemple), il est utilisé pour « grand-père ».

(…)油煎大头鱼 [1]，未庄都加上半寸长的葱叶，城里却加上切细的葱丝，他想：这也是错的，可笑！然而未庄人真是不见世面的可笑的乡下人呵，他们没有见过城里的煎鱼！

阿 Q"先前阔"，见识高，而且"真能做"，本来几乎是一个"完人"[2] 了，但可惜他体质上还有一些缺点。最恼人的是在他头皮上，颇有几处不知于何时的癞疮疤。这虽然也在他身上，而看阿 Q 的意思，倒也似乎以为不足贵的，因为他讳说"癞"以及一切近于"赖"的音，后来推而广之，"光"也讳，"亮"也讳，再后来，连"灯""烛"都讳了。一犯讳，不问有心与无心，阿 Q 便全疤通红的发起怒来，估量了对手，口讷的他便骂，气力小的他便打；然而不知怎么一回事，总还是阿 Q 吃亏的时候多。于是他渐渐的变换了方针，大抵改为怒目而视了。

(...) Yóu jiān dàtóu yú, Wèizhuāng dōu jiāshàng bàn cùn cháng de cōngyè, chéng lǐ què jiāshàng qiē xì de cōngsī, tā xiǎng : zhè yě shì cuò de, kěxiào ! Ránér Wèizhuāng rén zhēn shi bù jiàn shìmiàn de kěxiào de xiāngxia rén ā, tāmen méiyǒu jiàn guò chéng lǐ de jiān yú !

Ā Qiu "xiānqián kuò", jiànshi gāo, érqiě "zhēn néng zuò", běnlái jīhū shì yīgè "wánrén" le, dàn kěxī tā tǐzhì shàng háiyǒu yīxiē quēdiǎn. Zuì nǎo rén de shì zài tā tóupí shàng, pō yǒu jǐ chǔ bù zhī yú héshí de lài chuāngbā. Zhè suīrán yě zài tā shēn shàng, ér kàn Ā Qiu de yìsi, dào yě sìhū yǐwéi bùzú guì de, yīnwèi tā huì shuō "lài" yǐjí yīqiè jìn yú "lài" de yīn, hòulái tuī ér guǎng zhī, "guāng" yě huì, "liàng" yě huì, zài hòulái, lián "dēng" "zhú" dōu huì le. Yī fàn huì, bùwèn yǒu xīn yǔ wú xīn, Ā Qiu biàn quán bā tōnghóng de fāqǐ nù lái, gūliang le duìshǒu, kǒu nè de tā biàn mà, qìlì xiǎo de tā biàn dǎ ; ránér bùzhī zěnme yī huí shì, zǒng háishi Ā Qiu chīkuī deshíhòu duō. Yúshì tā jiànjiàn de biànhuàn le fāngzhēn, dàdǐ gǎi wéi nùmù ér shì le.

(…) Et quand il s'agissait de frire la carpe à grosse tête, les citadins y rajoutaient comme à Weizhuang de la ciboule, mais ils la hachaient menu au lieu de l'émincer en lamelles d'un demi-pouce. Quelle faute de goût ! Les villageois n'en restaient pas moins de risibles ploucs, jamais sortis de leur trou ; pensez donc, ils ne savaient même pas comment on faisait frire le poisson en ville !

Ah Q « avait été riche », il avait vu du pays, il « mettait du cœur à l'ouvrage », il était donc presque un parangon d'homme achevé ; dommage que sa santé laissât encore un peu à désirer. Le plus embêtant, c'était les quelques cicatrices dues à la teigne, apparues sur son cuir chevelu il ne savait plus très bien quand. Du coup, Ah Q évitait tous les mots qui sonnaient de près ou de loin comme « teigne », estimant que ces traces brillantes manquaient d'élégance, bien que marques singulières de sa fière personne. Plus tard, le verbe « briller » était aussi devenu tabou, puis le mot « lumière », et puis encore « lampe » et « chandelle »…, tous tabous. Dès qu'on enfreignait, à dessein ou pas, ces tabous, ses cicatrices se mettaient à flamboyer sous le coup de la colère. Alors il mesurait son interlocuteur du regard, et si l'autre lui semblait un peu benêt il l'abreuvait d'insultes, s'il lui apparaissait plus faible il le rouait de coups ; mais sans qu'il comprît vraiment pourquoi, c'était le plus souvent lui-même qui prenait la raclée. Il en vint à modifier peu à peu ses choix stratégiques et, la plupart du temps, se contentait-il désormais de toiser ses adversaires d'un regard furieux.

---

1. 大头鱼 ou 胖头鱼 ou « carpe à grosse tête » est le nom commun du 鳙鱼 yōngyú (*Hypophthalmichthys nobilis*).

2. Désigne un homme qui personnifie toutes les vertus humaines. Malheureusement, ce type d'homme est rare, comme le prouve le proverbe : 金无足赤，人无完人 « Rien/personne n'est parfait ». (足赤 : or pur sans aucun défaut).

谁知道阿 Q 采用<u>怒目主义</u>[1]之后，未庄的闲人们便愈喜欢玩笑他。一见面，他们便假作吃惊的说："<u>唉</u>[2]，亮起来了。"阿 Q 照例的发了怒，他怒目而视了。

"原来有<u>保险灯</u>[3]在这里！"他们并不怕。

阿 Q 没有法，只得另外想出报复的话来：

"你还不配……"这时候，又仿佛在他头上的是一种高尚的光容的癞头疮，并非平常的癞头疮了；但上文说过，阿 Q 是有见识的，他立刻知道和"犯忌"有点抵触，便不再往底下说。

闲人还不完，只撩他，于是终而至于打。阿 Q 在形式上打败了，被人揪住黄辫子[4]，在壁上碰了四五个<u>响头</u>[5]，闲人这才<u>心满意足</u>[6]的得胜的走了，阿 Q 站了一刻，心里想，"我总算被儿子打了，现在的世界真不像样……"于是也心满意足的得胜的走了。

Shéi zhīdào Ā Qiu cǎiyòng nùmù zhǔyì zhīhòu, Wèizhuāng de xián-rénmen biàn yù xǐhuan wánxiào tā. Yī jiànmiàn, tāmen biàn jiǎzuò chījīng de shuō : "Wèi, liàng qǐlái le."

Ā Qiu zhàolì de fā le nù, tā nùmù ér shì le.

"Yuánlái yǒu bǎoxiǎn dēng zài zhèlǐ !" Tāmen bìngbù pà.

Ā Qiu méiyǒu fǎ, zhǐdé lìngwài xiǎng chū bàofù dehuà lái :

"Nǐ hái bù pèi..." Zhè shíhou, yòu fǎngfú zài tā tóu shàng de shì yī zhǒng gāoshàng de guāngróng de làitóu chuāng, bìngfēi píngcháng de làitóu chuāng liǎo ; dàn shàng wén shuō guò, Ā Qiu shì yǒu jiànshi de, tā lìkè zhīdào hé "fànjì" yǒu diǎn dǐchù, biàn bùzài wǎng dǐxia shuō.

Xiánrén hái bù wán, zhǐ liáo tā, yúshì zhōngér zhìyú dǎ.

Ā Qiu zài xíngshì shàng dǎbài le, bèi rén jiū zhù huáng biànzi, zài bì shàng pèng le sì wǔ gè xiǎngtóu, xiánrén zhè cái xīnmǎn-yìzú de dé shèng de zǒu le, Ā Qiu zhàn le yī kè, xīnli xiǎng, "wǒ zǒngsuàn bèi érzi dǎ le, xiànzài de shìjiè zhēn bùxiàngyàng..." Yúshì yě xīnmǎn-yìzú de dés-hèng de zǒu le.

---

1. 怒目主义 : littéralement « regard furieuxisme ». Il s'agit d'une allusion ironique aux nombreux termes en « -isme » (-主义), importés d'Occident, qui alimentaient les violents débats idéologiques de l'époque dont Lu Xun se méfiait : marxisme, libéralisme, anarchisme, communisme, darwinisme, pragmatisme…

Bizarrement, après qu'Ah Q eut adopté la stratégie dite du Regard furibond, les villageois se plurent à l'asticoter de plus belle. Dès qu'il apparaissait, ils s'exclamaient sur un ton faussement surpris : « Tiens ? Le jour s'est levé. » Ah Q se mettait en colère, comme prévu, et les fixait, furibard.

« Non, c'est une lampe-tempête qu'on a installée ! » continuaient-ils sans trembler.

Ah Q n'avait d'autre choix que de se creuser les méninges pour placer une réplique vengeresse : « Tu ne vaux même pas… » À ces moments, il lui semblait que sur sa tête n'étaient plus de vulgaires cicatrices de teigne… mais de nobles et glorieuses cicatrices de teigne. Cependant, comme il a été dit plus haut, il n'était pas né de la veille et, comprenant qu'il avait failli violer ses propres tabous, il s'arrêtait net.

Les badauds, eux, s'évertuaient à le provoquer, pour finir en général par lui taper dessus. Une fois Ah Q formellement défait, ils l'empoignaient par sa natte jaunâtre et lui cognaient à grand bruit la tête contre le mur, quatre ou cinq fois. Enfin satisfaits de leur victoire, ils s'éloignaient. Alors Ah Q se relevait, ruminant un bon moment avant de conclure par-devers lui : « C'est comme si j'm'étais fait battre par mes propres enfants… Le monde part décidément à vau-l'eau. » Et c'était à son tour de s'éloigner en vainqueur, plein d'allégresse.

---

2. 唅 : ce caractère rare est le plus souvent prononcé *kuài* et signifie « avaler » ou « haleter ». Lu Xun l'utilise dans un sens encore plus rare, prononcé *wèi*, il marque la surprise, l'exclamation.

3. Terme désignant aussi bien les lampes à pétrole que les lampes-tempêtes mieux protégées et plus sophistiquées ; les deux types représentaient un net progrès par rapport aux lampes ou aux lanternes traditionnelles chinoises.

4. Il peut être surprenant de rencontrer ici des cheveux « jaunes », mais la décoloration des cheveux noirs est un signe fréquent d'anémie sévère (carence en fer due à la malnutirtion), parfaitement plausible chez Ah Q.

5. 响头 : ce terme désigne initialement le bruit produit en frappant le sol avec la tête pendant le *kowtow*, la prosternation traditionnelle.

6. 心满意足 : *chengyu*, « le cœur empli de joie, d'allégresse ».

阿 Q 想在心里的，后来每每说出口来，所以凡是和阿 Q 玩笑的人们，几乎全知道他有这一种精神上的胜利法，此后每逢揪住他黄辫子的时候，人就先一着对他说：

"阿 Q，这不是儿子打老子，是人打畜生。自己说：人打畜生！"

阿 Q 两只手都捏住了自己的辫根，歪着头，说道：

"打虫豸，好不好？我是虫豸——还不放么？"

但虽然是虫豸，闲人也并不放，仍旧在<u>就 近</u>[1]什么地方给他碰了五六个响头，这才心满意足的得胜的走了，他以为阿 Q 这回可<u>遭了瘟</u>[2]。

然而不到十秒钟，阿 Q 也心满意足的得胜的走了，他觉得他是第一个能够自轻自贱的人，除了"自轻自贱"不算外，余下的就是"第一个"。<u>状元</u>[3]不也是"第一个"么？

"你算是什么东西呢！？"

Ā Qiu xiǎng zài xīn li de, hòulái měiměi shuōchū kǒu lái, suǒyǐ fánshì hé Ā Qiu wánxiào de rénmen, jīhū quán zhīdào tā yǒu zhè yī zhǒng jīngshen shàng de shènglì fǎ, cǐhòu měi féng jiū zhù tā huáng biànzi deshíhòu, rén jiù xiān yī zhāo duì tā shuō :

"Ā Qiu, zhè bùshì érzi dǎ lǎozi, shì rén dǎ chùsheng. Zìjǐ shuō : rén dǎ chùsheng !"

Ā Qiu liǎng zhǐ shǒu dōu niēzhù le zìjǐ de biàngēn, wāizhe tóu, shuō dào :

"Dǎ chóngzhì, hǎobùhǎo ? Wǒ shì chóngzhì – hái bù fàng ma ?"

Dàn suīrán shì chóng zhì, xiánrén yě bìng bù fàng, réngjiù zài jiùjìn shénme dìfang gěi tā pèng le wǔ liù gè xiǎngtóu, zhè cái xīnmǎn-yìzú de déshèng de zǒu le, tā yǐwéi Ā Qiu zhè huí kě zāo le wēn.

Ránér bù dào shí miǎo zhōng, Ā Qiu yě xīnmǎn-yìzú de déshèng de zǒu le, tā juéde tā shì dìyī gè nénggòu zì qīng zì jiàn de rén, chúle zì qīng zì jiàn bù suàn wài, yú xià de jiùshì dìyī gè. Zhuàngyuán bù yě shì dìyī gè ma ? Nǐ suànshì shénme dōngxi ne !?

Mais ce qu'il gardait d'abord pour lui, il finissait un jour par le proférer à voix haute et la plupart de ses tourmenteurs comprirent qu'il parvenait à transformer chacune de ses défaites en victoire morale. Ce qui fit qu'ensuite, à chaque fois que l'un de ses bourreaux en arrivait à lui tordre la natte, celui-ci disait, par anticipation :

« Ah Q, ce n'est pas là un fils qui bat son père, c'est un homme qui bat une bête ! Allez, répète : un homme qui bat une bête ! »

Ah Q, les deux mains serrées à la base de sa natte et le cou tout de guingois, disait :

« ...Qui écrase un ver ! Ça te va ? Je suis un ver de terre — me lâcheras-tu donc ? »

Mais même s'il était un ver, l'autre ne le lâchait pas et, comme de coutume, lui cognait la tête avec bruit à cinq ou six reprises sur n'importe quelle surface proche... puis repartait victorieux et content, croyant que sa victime avait eu son compte, cette fois.

Au bout d'à peine dix secondes, Ah Q partait, lui aussi victorieux et content : n'était-il pas le plus doué de tous pour se vautrer plus bas que terre ? Il suffisait de mettre de côté « se vautrer plus bas que terre » et il restait « le plus doué de tous »... tout comme les lauréats des concours du palais.

« Et toi, pour qui tu t'prends !?... »

1. 就近 *jiùjìn* : dans les environs, aux alentours.

2. 遭瘟 *zāowēn* : le sens initial est « souffrir de la peste, d'une épidémie », mais un sens dérivé, utilisé ici de façon plus ou moins opportune, est « souffrir de déveine, s'attirer les ennuis ».

3. 状元 *zhuàngyuán* : le candidat reçu premier aux examens du Palais, le plus haut niveau des examens mandarinaux.

阿 Q 以如是等等妙法克服怨敌之后，便愉快的跑到酒店里喝几碗酒，又和别人调笑一通，口角一通，又得了胜，愉快的回到土谷祠，放倒头睡着了。假使有钱，他便去押牌宝[1]，一堆人蹲在地面上，阿 Q 即汗流满面的夹在这中间，声音他最响：

"青龙四百！"

"咳……开……啦！"桩家揭开盒子盖，也是汗流满面的唱。"天门啦……角回啦……！人和穿堂[2]空在那里啦……！阿 Q 的铜钱拿过来……！"

"穿堂一百——一百五十！"

阿 Q 的钱便在这样的歌吟之下，渐渐的输入别个汗流满面的人物的腰间。他终于只好挤出堆外，站在后面看，替别人着急，一直到散　场，然后恋恋的回到土谷祠，第二天，肿着眼睛去工作。

但真所谓"塞翁失马安知非福"[3]罢[4]，阿 Q 不幸而赢了一回，他倒几乎失败了。

Ā Qiu yǐ rú shì děngděng miào fǎ kèfú yuàn dí zhīhòu, biàn yúkuài de pǎo dào jiǔdiàn lǐ hē jǐ wǎn jiǔ, yòu hé biéren tiáoxiào yī tòng, kǒujiǎo yī tòng, yòu dé le shèng, yúkuài de huídào Tǔgǔ cí, fàngdǎo tóu shuìzháo le. Jiǎshǐ yǒu qián, tā biàn qù yāpáibǎo, yīduī rén dūn zài dǐmiàn shàng, Ā Qiu jí hán liú mǎn miàn de jiā zài zhè zhōngjiān, shēngyīn tā zuì xiǎng :

"Qīng lóng sì bǎi !"

"Hāi... kāi... la ! " Zhuāngjiā jiē kāi hézi gài, yě shì hán liú mǎn miàn de chàng. "Tiān mén la... jiǎohuí la...! Rén hé chuāntáng kòng zài nàli la... ! Ā Qiu de tóngqián ná guòlai... !"

"Chuāntáng yībǎi — yībǎi wǔshí !"

Ā Qiu de qián biàn zài zhèyàng de gē yín zhīxià, jiànjiàn de shūrù bié gè hàn liú mǎn miàn de rénwù de yāo jiān. Tā zhōngyú zhǐhǎo jǐ chū duī wài, zhàn zài hòumiàn kàn, tì biéren zháojí, yīzhí dào sànchǎng, ránhòu liànliàn de huídào Tǔgǔ cí, dìèr tiān, zhǒngzhe yǎnjīng qù gōngzuò.

Dàn zhēn suǒwèi "sài wēng shī mǎ ān zhī fēi fú" ba, Ā Qiu bùxìng ér yíng le yī huí, tā dào jīhū shībài le.

Ayant ainsi employé des moyens plus ingénieux les uns que les autres pour s'assurer la victoire sur ses ennemis, Ah Q courait plein d'entrain vers la taverne pour y boire quelques bols de vin. Là, il échangeait des plaisanteries, se querellait derechef, était de nouveau victorieux, et rentrait toujours aussi joyeux au temple des dieux tutélaires. Sitôt la tête posée, il s'endormait. S'il lui arrivait d'être en fonds, il se rendait au tripot. Il se glissait au milieu de la foule de joueurs accroupis et hurlait plus fort que tous les autres, le visage emperlé de sueur :

« Quat'cents sur le Dragon Vert !

— Attention... Les jeux sont... faits ! Le croupier, transpirant tout autant, chantait en soulevant le couvercle de la boîte à dés. La Porte du Ciel... pour la banque ! Pas de mises sur le Couloir... Par ici tes pépettes, Ah Q !

— Cent sur le Couloir... cent cinquante ! »

Et au rythme de la chanson, l'argent d'Ah Q passait peu à peu dans la bourse des autres créatures en sueur. Il devait bientôt s'extirper du tas de parieur et se contenter de s'exciter sur le sort des autres, debout derrière eux, jusqu'à ce que l'assemblée se disperse. Il rentrait alors à regret au temple et retournait travailler le lendemain, les yeux rouges et gonflés.

Comme le dit le proverbe, à quelque chose malheur est bon. Un jour, Ah Q eut la malchance de gagner, et il finit quand même par tout perdre.

---

1. 押牌宝 *yāpáibǎo* ou 押宝, un jeu de dés où l'on parie de l'argent.

2. Divers termes spécifiques à ce jeu : 桩家 ou 庄家 : *zhuāngjia* « croupier » ou « banquier ». 角回 *jiǎohuí* : « le coin », terme spécifique pour l'emplacement réservé au croupier. La Porte du Ciel est le côté opposé au croupier. À droite du croupier, se trouve « l'Homme » (人), ou « Tigre Blanc ». À gauche se trouve la « Terre » (地), ou « Dragon Vert ». Le Couloir est au centre.

3. Proverbe chinois. *Voir la suite de la note page 41.*

4. 罢 : Ici ce caractère est utilisé pour 吧 *ba.*

这是未庄赛神的晚上 [1]。这晚上照例有一台戏，戏台左近，也照例有许多的赌摊。

做戏的锣鼓，在阿 Q 耳朵里仿佛在十里之外；他只听得桩家的歌唱了。

他赢而又赢，铜钱变成角洋，角洋变成大洋 [2]，大洋又成了叠。他兴高采烈得非常：

"天门两块！"

他不知道谁和谁为什么打起架来了。骂声打声脚步声，昏头昏脑 [3] 的一大阵，他才爬起来，赌摊不见了，人们也不见了，身上有几处很似乎有些痛，似乎也挨了几拳几脚似的，几个人诧异的对他看。

Zhè shì Wèizhuāng sài shén de wǎnshang. Zhè wǎnshang zhàolì yǒu yī tái xì, xì tái zuǒ jìn, yě zhàolì yǒu xǔduō de dǔ tān.

Zuò xì de luó gǔ, zài Ā Qiu ěrduo lǐ fǎngfú zài shí lǐ zhīwài ; tā zhǐ tīng dé zhuāngjiā de gēchàng le.

Tā yíng ér yòu yíng, tóngqián biànchéng jiǎoyáng, jiǎoyáng biànchéng dàyáng, dàyáng yòu chéng le dié. Tā xìnggāocǎiliè de fēicháng :

"Tiānmén liǎng kuài !"

Tā bù zhīdào shéi hé shéi wèishénme dǎ qǐ jià lái le. Mà shēng dǎ shēng jiǎobù shēng, hūntóu-hūnnǎo de yī dà zhèn, tā cái pá qǐlái, dǔtān bù jiàn le, rénmen yě bù jiàn le, shēn shàng yǒu jǐ chǔ hěn sìhū yǒuxiē tòng, sìhū yě ái le jǐ quán jǐ jiǎo shìde, jǐge rén chàyì de duì tā kàn.

1. Également 迎神赛会. À l'occasion de ces fêtes on sortait des temples les statues des dieux et on les promenait en procession dans les rues. Le 赛 (« compétition ») signifiait que les familles aisées devaient rivaliser de splendeur dans leurs offrandes...

2. Pièce d'argent ; le nom 大洋 « grand océan » vient du fait que les pièces d'une valeur de un *yuan* étaient à l'origine gravées d'un dragon marin. 洋 ne signifie donc pas dans ce contexte, contrairement à beaucoup d'expressions de l'époque, « d'origine étrangère ». Ce nouveau système monétaire a été mis en place à partir de 1887, auparavant, la Chine ne fondait pas de pièces d'argent, mais des lingots d'or ou d'argent de valeurs variables. Le 角洋 ou 小样 valait un $1/10^e$ du 大洋. Une traduction fréquente est « dollar d'argent », par analogie avec les pièces d'argent mexicaines utilisées au XIXe siècle dans tout l'Extrême-Orient comme monnaie d'échange, et que les Anglo-Saxons appelaient *silver dollar*. (…)

C'était le soir du Festival des dieux à Weizhuang. Comme de coutume, on avait monté une scène et comme de coutume, près de la scène, à gauche, s'étaient installés nombre de petits étals consacrés aux paris.

Les gongs et les tambours du théâtre auraient tout aussi bien pu retentir à dix lis de là pour Ah Q ; il n'entendait que le chant des croupiers.

Il gagnait, et gagnait encore, les sapèques de cuivre se métamorphosaient en sous d'argent, les sous en lourdes pièces, les pièces s'empilaient. Il hurla, radieux :

« Deux dollars sur la Porte du Ciel ! »

Qui avait déclenché la bagarre, et pourquoi ? Ah Q ne l'a jamais su. Les éclats d'injures, le bruit sourd des horions et les piétinements secs se mêlaient en un vacarme des plus confus.

Quand il se releva, les étals avaient disparu, les croupiers avaient plié les gaules et en plusieurs endroits de son corps des élancements semblaient indiquer qu'il avait reçu sa part de coups de pieds et de poings. Quelques badauds le regardaient d'un air effaré.

(…) Initialement, la pièce de un yuan d'argent pesait un taël et était donc équivalente à 1000 sapèques de cuivre.

3. 昏头昏脑 *chengyu* assez fréquent : « embrouillé, confus ; distrait, étourdit ».

(Suite de la note 3 page 39) Ce proverbe venant de l'ouvrage classique, le 淮南子 « Livre du Prince de Huainan » (IIe siècle avant notre ère), célèbre pour avoir formalisé des concepts aussi importants que le Yin Yang ou la théorie des Cinq Phases (ou Cinq Éléments). 塞 *sài* : « forteresse de frontière » ; 翁 *wēng* : vieillard. « Le vieux perd son cheval, mais qui sait si ce n'est pas une chance ? » : sa jument s'étant enfuie chez les Barbares, le vieillard joue les philosophes. Au bout d'un an, la bête revient en effet en ramenant un magnifique étalon. Chacun se réjouit mais lui reste prudent, à raison : son fils se brise gravement une jambe en chevauchant la nouvelle monture. Le vieillard ne semble pas s'en affliger outre mesure Quelque mois plus tard, les Barbares franchissent la frontière ; tous les hommes valides sont mobilisés et périssent au combat. Seul le fils infirme survit, permettant la continuation de la lignée…

他如有所失 [1] 的走进土谷祠，定一定神，知道他的一堆洋钱不见了。赶赛会的赌摊多不是本村人，还到那里去寻根柢 [2] 呢？

很白很亮的一堆洋钱！而且是他的——现在不见了！说是算被儿子拿去了罢，总还是忽忽不乐；说自己是虫豸罢，也还是忽忽不乐：他这回才有些感到失败的苦痛了。

但他立刻转败为胜了。他擎起右手，用力的在自己脸上连打了两个嘴巴，热剌剌 [3] 的有些痛；打完之后，便心平气和 [4] 起来，似乎打的是自己，被打的是别一个自己，不久也就仿佛是自己打了别个一般，——虽然还有些热剌剌，——心满意足的得胜的躺下了。

他睡着了。

Tā rúyǒusuǒshī de zǒu jìn Tǔgǔ cí, dìng yī dìng shén, zhīdào tā de yīduī yáng qián bù jiàn le. Gǎn sàihuì de dǔtān duō bù shì běn cūnrén, hái dào nǎlǐ qù xún gēndǐ ne ?

Hěn bái hěn liàng de yīduī yáng qián ! Érqiě shì tā de — xiànzài bù jiàn le ! Shuō shì suàn bèi érzi ná qù le ba, zǒng háishi hūhū bù lè ; shuō zìjǐ shì chóngzhì ba, yě háishi hūhū bù lè : tā zhè huí cái yǒuxiē gǎndào shībài de kǔ tòng le.

Dàn tā lìkè zhuǎn bài wéi shèng le. Tā qíng qǐ yòushǒu, yòng lì de zài zìjǐ liǎn shàng lián dǎ le liǎng gè zuǐba, rèlàlà de yǒuxiē tòng ; dǎ wán zhīhòu, biàn xīnpíng-qìhé qǐlái, sìhū dǎ de shì zìjǐ, bèi dǎ de shì bié yīgè zìjǐ, bùjiǔ yě jiù fǎngfú shì zìjǐ dǎ le bié gè yībān, —suīrán háiyǒu xiē rèlàlà, — xīnmǎn-yìzú de déshèng de tǎng xià le.

Tā shuìzháo le.

---

1. 如有所失 *chengyu* : « avec un sentiment de défaite, de vide ».

2. Cette expression (« rechercher la racine ») est à rattacher au *chengyu* 尋根究柢 « étudier à fond, remonter à la source, chercher les tenants et aboutissants ».

Avec l'impression d'avoir égaré quelque chose, il retourna au temple et, ses esprits lui revenant, il se rendit compte que ses gains avaient eux aussi pris la poudre d'escampette.

La plupart de ceux qui organisaient les paris, près de la scène de la fête, étaient bien sûr étrangers au village ; vers qui aurait-il bien pu se tourner ?

Sa belle pile de pièces d'argent bien clinquantes ! C'était les siennes – et maintenant elles s'étaient envolées. Il avait beau se dire que c'était comme si son propre fils les lui avait soutirées, ça ne le consolait pas. Même le fait d'être un ver de terre ne lui apportait aucun soulagement : cette fois, il ressentait bien quelque chose de l'amertume de la défaite.

Mais il trouva vite un autre moyen de la transformer en sentiment de victoire. Il leva bien haut la main droite et se gifla violemment deux fois de suite, déclenchant une vive douleur. Ceci fait, la paix se fit peu à peu dans son cœur : après tout il n'avait fait que gifler un « autre lui-même », très vite assimilé à un « autre » tout court – malgré ses joues qui le brûlaient encore. Il s'allongea, le moral au beau fixe.

Et il s'endormit.

---

3. 热剌剌 *rèlàlà* : brûlant. Ce type d'expressions en trois caractères, dont l'un redoublé, est appelé en chinois « ABB 式的词语 », « expressions au format ABB ». Très courantes (on en recense plus de 1600 différentes), elles servent généralement en adjectif au sens renforcé par rapport à un adjectif « normal » de deux caractères.

4. 心平气和 *xīnpíng qìhé* « paix intérieure, humeur stable » : *chengyu* assez peu fréquent.

三

续优胜记略

然而阿 Q 虽然常优胜，却直待蒙[1]赵太爷打他嘴巴之后，这才出了名。

他付过地保二百文酒钱，愤愤的躺下了，后来想："现在的世界太不成话，儿子打老子……"于是忽而想到赵太爷的威风，而现在是他的儿子了，便自己也渐渐的得意起来，爬起身，唱着《小孤孀上坟》[2]到酒店去。这时候，他又觉得赵太爷高人一等了。

说也奇怪，从此之后，果然大家也仿佛格外尊敬他。这在阿 Q，或者以为因为他是赵太爷的父亲，而其实也不然。未庄通例，倘如阿七打阿八，或者李四打张三[2]，向来本不算口碑[3]。一上口碑，则打的既有名，被打的也就托庇有了名。(…)

Sān

Xù yōushèng jì lüè

Ránér Ā Qiu suīrán cháng yōushèng, què zhí dài méng Zhào tàiyé dǎ tā zuǐba zhīhòu, zhè cái chū le míng.

Tā fùguò dìbǎo èrbǎi wén jiǔqián, fènfèn de tǎng xià le, hòulái xiǎng : "Xiànzài de shìjiè tài bùchéng huà, érzi dǎ lǎozi ..." yúshì hū ér xiǎng dào Zhào tàiyé de wēifēng, ér xiànzài shì tā de érzi le, biàn zìjǐ yě jiànjiàn de déyì qǐlái, pá qǐshēn, chàngzhe « Xiǎo gūshuāng shàng fén » dào jiǔdiàn qù. Zhè shíhou, tā yòu juéde Zhào tàiyé gāo rén yī děng le.

Shuō yě qíguài, cóngcǐ zhīhòu, guǒrán dàjiā yě fǎngfú géwài zūnjìng tā. Zhè zài Ā Qiu, huòzhě yǐwéi yīnwèi tā shì Zhào tàiyé de fùqīn, ér qíshí yěbù rán. Wèizhuāng tōnglì, tǎngrú Ā Qī dǎ Ā Bā, huòzhě Lǐ Sì dǎ Zhāng Sān, xiànglái běn bù suàn kǒubēi. Yī shàng kǒubēi, zé dǎ de jì yǒumíng, bèi dǎ de yě jiù tuōbì yǒu le míng. (...)

Trois

Suite de la chronique des victoires d'Ah Q

AH Q AVAIT BEAU VOLER de victoire en victoire, ce ne fut qu'après la gifle administrée par M. Zhao qu'il parvint enfin à la célébrité.

Ayant payé les deux cents sapèques de pourboire au policier, il s'était couché de fort mauvaise humeur ; mais plus tard une pensée s'était imposée : « Le monde d'aujourd'hui marche vraiment sur la tête, avec les fils qui battent leur père... » Alors l'idée que M. Zhao, avec tout son prestige, était désormais comme son fils, lui avait, peu à peu, mit du baume au cœur.

Il s'était donc relevé et dirigé vers la taverne en chantant l'air de *La petite veuve va pleurer sur la tombe*. Il pensait à cet instant que M. Zhao était vraiment un type de première bourre.

Par un phénomène curieux, dès ce moment, tout le monde se mit de fait à lui témoigner un inhabituel respect. Ah Q se persuada sans doute que cela lui était dû en tant que père de M. Zhao, mais la vraie raison était ailleurs. À Weizhuang, d'ordinaire, personne ne prête aucune attention aux raclées et peignées que s'infligent entre eux les plus insignifiants des habitants du village. Pour qu'on s'y intéresse, il faut que la querelle soit en rapport avec quelqu'un de renom – comme M. Zhao. Et puisqu'on s'y intéresse, la renommée du cogneur déteint alors sur le cogné. (…)

1. 蒙 ce caractère ici prononcé *méng* a pour sens (très rare) « recevoir, souffrir de ».

2. 阿七，阿八，李四，张三 : ce sont les termes chinois habituels pour signifier X et Y *(voir suite de la note page suivante)*.

3. Une pièce de théâtre à la mode dans la région de Shaoxing à l'époque.

4. 口碑 *kǒubēi* 'stèle orale' : désigne l'opinion publique.

(⋯)至于错在阿 Q，那自然是不必说。所以者何¹？就因为赵太爷是不会错的。但他既然错，为什么大家又仿佛格外尊敬他呢？这可难解，穿凿起来说，或者因为阿 Q 说是赵太爷的本家，虽然挨了打，大家也还怕有些真，总不如尊敬一些稳当。否则，也如孔庙里的太牢²一般，虽然与猪羊一样，同是畜生，但既经圣人³下箸，先儒们便不敢妄动了。

　　阿 Q 此后倒得意了许多年。

　　有一年的春天，他醉醺醺的在街上走，在墙根的日光下，看见王胡在那里赤着膊捉虱子，他忽然觉得身上也痒起来了。这王胡，又癞又胡，别人都叫他王癞胡，阿 Q 却删去了一个癞字，然而非常渺视他。阿 Q 的意思，以为癞是不足为奇⁴的，(⋯)

(...) Zhìyú cuò zài Ā Qiu, nà zìrán shì bùbì shuō. Suǒyǐ zhě hé ? Jiù yīnwèi Zhào tàiyé shì bù huì cuò de. Dàn tā jìrán cuò, wèishénme dàjiā yòu fǎngfú géwài zūnjìng tā ne ? Zhè kě nánjiě, chuānzáo qǐlái shuō, huòzhě yīnwèi Ā Qiu shuō shì Zhào tàiyé de běnjiā, suīrán ái le dǎ, càjiā yě hái pà yǒuxiē zhēn, zǒng bùrú zūnjìng yīxiē wěndang. Fǒuzé, yě rú kǒngmiào lǐ de tàiláo yībān, suīrán yǔ zhū yáng yīyàng, tóng shì chùsheng, dàn jì jīng shèngrén xià zhù, xiān rúmen biàn bù gǎn wàngdòng le.

Ā Qiu cǐhòu dào déyì le xǔduō nián.

Yǒu yī nián de chūntiān, tā zuìxūnxūn de zài jiē shàng zǒu, zài qiánggēn de rìguāng xià, kànjiàn Wáng Hú zài nàli chìzhe bó zhuō shīzi, tā hūrán juéde shēn shàng yě yǎng qǐlái le. Zhè Wáng Hú, yòu lài yòu hú, biéren dōu jiào tā Wáng Làihú, Ā Qiu què shānqù le yīgè lài zì, ránér fēicháng miǎo shì tā. Ā Qiu de yìsi, yǐwéi lài shì bùzú-wéiqí de, (...)

---

1. 所以者何 « Quelle en est la raison ? » Il s'agit d'une expression bouddhique, trouvant son origine dans le Sutra du Lotus.

(suite de la note 2 page 45) Untel et Machin, Pierre, Paul ou Jacques... Mais ces solutions ne rendent pas l'idée de personnages au statut social trop bas pour n'avoir d'autre prénom qu'un numéro d'ordre familial, ce qui était le cas en Chine pour certaines des couches les plus basses de la population.

(…) Dans le cas présent, il allait sans dire que tout ça, c'était de la faute d'Ah Q. Et pourquoi donc ? Tout simplement parce que M. Zhao ne pouvait avoir tort. Mais alors, pourquoi ce nouveau respect pour Ah Q ? C'est difficile à expliquer, mais grosso modo on peut dire que les gens avaient peut-être un peu peur que les racontars d'Ah Q sur sa parenté avec M. Zhao n'eussent un fond de vérité — nonobstant leurs douloureuses conséquences. Il était donc plus sûr de ne pas se le mettre à dos. Une autre explication possible, c'est l'analogie avec le bœuf sacrificiel du Temple de Confucius : l'animal reste certes un animal, au même titre que le porc ou le mouton, mais d'avoir été touché par les baguettes du Sage fait que les lettrés n'osent plus y toucher.

L'épisode a donc fait la fierté d'Ah Q pendant de nombreuses années.

Un beau jour de printemps, alors qu'il errait dans les rues dans un état d'ébriété avancé, il tomba sur Wang-le-barbu qui lézardait au soleil, torse nu au pied d'un mur, fort occupé à chasser la vermine. À cette vue, Ah Q sentit soudain son propre corps le démanger. L'autre, en plus d'être barbu, était lui aussi atteint de la teigne et les gens l'honoraient du double qualificatif de Wang-le-barbu-pelé. Ah Q, bien entendu, omettait le « pelé », tout en considérant l'individu de très haut. Selon Ah Q, la teigne ne valait pas la peine d'être mentionnée, (…)

---

2. 太牢 *tàiláo* : 牢 a ici le sens d'« offrande animale », et pas de « prison ». Dans l'antiquité chinoise, ce terme englobait les trois grands animaux offerts en sacrifice, bœuf, porc et mouton. Plus tard il finit par ne plus désigner que le bovin, et les sacrifices avec porc et mouton devinrent des 少牢 *shàoláo*, « sacrifices mineurs ».

3. 圣人 *shèngrén* : désigne un personnage ayant atteint la perfection humaine. Sans précision, désigne spécifiquement Confucius.

4. 不足为奇 : *chengyu* peu fréquent, « banal, ordinaire ».

(…) 只有这一部<u>络腮胡子</u> [1]，实在太新奇，令人看不上眼。他于是并排坐下去了。倘是别的闲人们，阿 Q 本不敢大意坐下去。但这王胡旁边，他有什么怕呢？老实说：他肯坐下去，简直还是抬举他。

阿 Q 也脱下破夹袄来，翻检了一回，不知道因为新洗呢还是因为粗心，许多工夫，只捉到三四个。他看那王胡，却是一个又一个，两个又三个，只放在嘴里<u>毕毕剥剥</u> [2] 的响。

阿 Q 最初是失望，后来却不平了：看不上眼的王胡尚且那么多，自己倒反这样少，这是怎样的大失体统的事呵！他很想寻一两个大的，然而竟没有，好容易才捉到一个中的，恨恨的塞在厚嘴唇里，狠命一咬，劈的一声，又不及王胡的响。

他癞疮疤块块通红了，将衣服摔在地上，吐一口唾沫，说：

"这<u>毛虫</u> [3]！"

(...) Zhǐyǒu zhè yī bù luòsāi húzi, shízài tài xīnqí, lìngrén kàn bù shàng yǎn. Tā yúshì bìng pái zuò xiàqù le. Tǎngshì biéde xiánrénmen, Ā Qiu běn bù gǎn dàyi zuòxia qù. Dàn zhè Wáng Hú pángbiān, tā yǒu shénme pà ne ? Lǎoshí shuō : tā kěn zuò xiàqù, jiǎnzhí háishi táijǔ tā.

Ā Qiu yě tuō xià pò jiá ǎo lái, fān jiǎn le yī huí, bù zhīdào yīnwèi xīn xǐ ne háishi yīnwèi cūxīn, xǔduō gōngfu, zhǐ zhuō dào sān sì gè. Tā kàn nà Wáng Hú, què shì yīgè yòu yīgè, liǎng gè yòu sān gè, zhǐ fàng zài zuǐ lǐ bìbì bāobāo de xiǎng.

Ā Qiu zuìchū shì shīwàng, hòulái què bùpíng le : kàn bù shàng yǎn de Wáng Hú shàngqiě nàme duō, zìjǐ dào fǎn zhèyàng shǎo, zhè shì zěnyàng de dà shī tǐtǒng de shì ā ! Tā hěn xiǎng xún yī liǎng gè dà de, ránér jìng méiyǒu, hǎoróngyì cái zhuō dào yīgè zhōng de, hènhèn de sāi zài hòu zuǐchún lǐ, hěnmìng yī yǎo, pī de yī shēng, yòu bùjí Wáng Hú de xiǎng.

Tā lài chuāngbā kuàikuài tōnghóng le, jiāng yīfu shuāi zài dìshang, tǔ yīkǒu tuòmo, shuō :

"Zhè máochóng ! "

(…) mais cette pilosité faciale surabondante avait vraiment de quoi surprendre et attirer le mépris. Aussi prit-il place, sans hésitation aucune, à côté de lui. S'il s'était agi de n'importe qui d'autre, il n'aurait certes pas osé prendre une telle liberté ; mais comment pouvait-il craindre la comparaison avec un Wang-le-barbu ? En vérité, il lui faisait une fleur en daignant s'asseoir là.

Ah Q retire sa vieille tunique doublée et la retourne. Mais tous ses efforts n'aboutissent qu'à débusquer trois ou quatre poux. Est-ce parce qu'il a récemment lavé l'habit ou parce qu'il est décidément malhabile ? Il voit son voisin attraper une, deux, trois bestioles d'affilée, les fourrer dans sa bouche et, de quelques coups de dent… pif pif ! paf paf !

Déception d'abord, puis sentiment confus d'injustice : voilà ce qu'Ah Q ressent. Il est parfaitement contraire aux convenances qu'un moins-que-rien comme Wang-le-barbu ait un tel tableau de chasse quand lui, Ah Q, est presque bredouille. Il voudrait bien trouver un ou deux poux bien dodus mais n'en déniche qu'à grand-peine un, plutôt moyen. Il le glisse avec rage entre ses lèvres épaisses et mord violemment – pouf ! rien à voir avec la pétarade de Wang.

Ses cicatrices virent à l'écarlate ; il jette son habit à terre, crache un bon coup et dit :

« Hé ! Le singe !

---

1. 络腮胡子 : barbe complète : la pilosité des joues, du menton et de la lèvre supérieure se rejoignent. Elle est évidemment très rare en Chine, et évoque les personnages les plus brutaux des grands romans classiques (par exemple Lu Zhishen et Li Kui dans *Au bord de l'eau*).

2. Cette onomatopée très fréquente (et qui présente de multiples versions) imite le crépitement du feu, les chaînes de pétards… Elle apparaît pour la première fois dans le roman *Au bord de l'eau* (XIVᵉ siècle) : "忽听得外面毕毕剥剥的响声，林冲看见，原来是草料场着火了。" « Lin Chong entendit soudain un immense crépitement. Il regarda au dehors : c'était tout le fourrage rassemblé qui avait pris feu. »

3. 毛虫 : *máochóng*. Ce terme est bien une insulte en chinois, mais « chenille » ou « ver velu » ne sonnent pas très violent en français.

"癞皮狗[1]，你骂谁？"王胡轻蔑的抬起眼来说。

阿Q近来虽然比较的受人尊敬，自己也更高傲些，但和那些打惯的闲人们见面还胆怯，独有这回却非常武勇了。这样满脸胡子的东西，也敢出言无状么？

"谁认便骂谁！"他站起来，两手叉在腰间说。

"你的骨头痒了么？"王胡也站起来，披上衣服说。

阿Q以为他要逃了，抢进去就是一拳。这拳头还未达到身上，已经被他抓住了，只一拉，阿Q跄跄踉踉的跌进去，立刻又被王胡扭住了辫子，要拉到墙上照例去碰头。

"'君子动口不动手'！"[2] 阿Q歪着头说。王胡似乎不是君子，并不理会，一连给他碰了五下，又用力的一推，至于阿Q跌出六尺多远，这才满足的去了。

在阿Q的记忆上，这大约要算是生平第一件的屈辱，(…)

"Làipí gǒu, nǐ mà shéi ?" Wáng Hú qīngmiè de táiqǐ yǎn lái shuō.

Ā Qiu jìnlái suīrán bǐjiào de shòu rén zūnjìng, zìjǐ yě gèng gāo'ào xiē, dàn hé nà xiē dǎ guàn de xiánrénmen jiànmiàn hái dǎnqiè, dú yǒu zhè huí què fēicháng wǔyǒng le. Zhèyàng mǎn liǎn húzi de dōngxi, yě gǎn chū yán wú zhuàng ma ?

"Shéi rèn biàn mà shéi !" Tā zhàn qǐlái, liǎng shǒu chā zài yāo jiān shuō.

"Nǐ de gǔtou yǎng le ma ? " Wáng Hú yě zhàn qǐlái, pī shàng yīfú shuō.

Ā Qiu yǐwéi tā yào táo le, qiǎng jìnqù jiùshì yī quán. Zhè quántou hái wèi dádào shēn shàng, yǐjīng bèi tā zhuāzhù le, zhǐ yī lā, Ā Qiu qiàng-qiàng liàngliàng de diē jìnqù, lìkè yòu bèi Wáng Hú niǔ zhù le biànzi, yào lā dào qiáng shàng zhàolì qù pèng tóu.

"'Jūnzǐ dòng kǒu bù dòng shǒu' !" Ā Qiu wāizhe tóu shuō. Wáng Hú sìhū bù shì jūnzǐ, bìngbù lǐhuì, yīlián gěi tā pèng le wǔ xià, yòu yònglì de yī tuī, zhìyú Ā Qiu diē chū liù chǐ duō yuǎn, zhè cái mǎnzú de qù liǎo.

Zài Ā Qiu de jìyì shàng, zhè dàyuē yào suàn shì shēngpíng dìyī jiàn de qūrǔ, (...)

— C't'à qui qu'tu causes, chien galeux ? » dit Wang-le-barbu d'un ton hautain en levant les yeux.

C'est vrai qu'Ah Q se tient lui-même en plus haute estime encore depuis qu'on lui témoigne plus de respect ; mais il garde malgré tout la queue basse quand il croise ses tourmenteurs habituels. Cette fois-ci, il se sent empli d'un courage très martial ; comment ? Cette créature à face de bête ose lui parler sur ce ton ?

« J'cause à qui s'reconnaît ! répond-il en se relevant, les mains sur les hanches.

— T'as les os qui t'démangent ? » s'informe l'hirsute, se levant à son tour et renfilant sa veste.

Interprétant le geste en signe d'une fuite imminente, Ah Q avance et lance le poing. Mais Wang-le-barbu lui attrape le bras et le tire à lui avant que le coup n'atteigne sa cible. Ah Q titube de quelques pas en avant, offrant à l'adversaire une excellente prise sur sa natte, dont celui-ci profite immédiatement. Wang le traîne vers le mur pour la conclusion usuelle.

« "L'homme de bien combat en paroles, pas à mains nues" ! » parvient à citer Ah Q, malgré sa nuque toute tordue.

Wang-le-barbu ne doit pas être un homme de bien, car sans tenir compte de cette remarque, il lui cogne le crâne cinq fois d'affilée avant de le rejeter comme une chiffe molle à six pas de là et de s'éloigner avec la satisfaction du travail bien fait.

Pour autant qu'il s'en souvienne, Ah Q n'a, de sa vie, subi une telle humiliation. (…)

---

1. 癩皮狗 *làipí gǒu* : insulte assez fréquente. Sens figuré assez évident de « créature méprisable ».

2. La présence de guillemets tend à laisser penser qu'il s'agit d'une citation d'un classique, mais il semble que la 'citation' soit bien de Lu Xun lui-même (toute indication contraire serait bienvenue du traducteur). Elle fut en revanche reprise plus tard par nul autre que Mao Zedong (grand admirateur de Lu Xun), qui s'en servit pour critiquer les « sociaux-traîtres » refusant la voie révolutionnaire.

(…)因为王胡以络腮胡子的缺点，向来只被他奚落，从没有奚落他，更不必说动手了。而他现在竟动手，很意外，难道真如市上所说，<u>皇帝已经停了考</u>[1]，不要秀才和举人了，因此赵家减了威风，因此他们也便小觑了他么？

阿 Q <u>无可适从</u>[2]的站着。

远远的走来了一个人，他的对头又到了。

这也是阿 Q 最厌恶的一个人，就是钱太爷的大儿子。他先前跑上城里去进<u>洋学堂</u>[3]，不知怎么又跑到<u>东洋</u>[3]去了，半年之后他回到家里来，<u>腿也直了</u>[4]，辫子也不见了，他的母亲大哭了十几场，他的老婆跳了三回井。后来，他的母亲到处说，"这辫子是被坏人灌醉了酒剪去了。本来可以做大官，现在只好等留长再说了。"

然而阿 Q 不肯信，偏称他"假洋鬼子"，也叫作"<u>里通外国</u>[5]的人"，一见他，一定在肚子里暗暗的咒骂。

(...) yīnwèi Wáng Hú yǐ luòsāi húzi de quēdiǎn, Xiànglái zhǐ bèi tā xīluò, cōng méiyǒu xīluò tā, gèng bù bì shuō dòngshǒu le.

Ér tā xiànzài jìng dòngshǒu, hěn yìwài, nándào zhēn rú shì shàng suǒ shuì, Huángdì yǐjīng tíng le kǎo, bùyào xiùcái hé jǔrén le, yīncǐ Zhào jiā jiǎn le wēifēng, yīncǐ tāmen yě biàn xiǎoqù le tā ma ?

Ā Qiu wúkě shìcóng de zhànzhe.

Yuǎnyuǎn de zǒu lái le yīgè rén, tā de duìtou yòu dào le.

Zhè yě shì Ā Qiu zuì yànwù de yīgè rén, jiùshì Qián tàiyé de dà érzi. Tā xiānqián pǎo shàng chéng lǐ qù jìn yángxuétáng, bù zhī zěnme yòu pǎo dào Dōngyáng qù le, bànnián zhīhòu tā huídào jiā lǐ lái, tuǐ yě zhí le, biànzi yě bù jiàn le, tā de mǔqīn dà kū le shíjǐ chǎng, tā de lǎopó tiào le sānhuí jǐng. Hòulái, tā de mǔqīn dàochù shuō, "Zhè biànzi shì bèi huàirén guàn zuì le jiǔ jiǎn qù le. Běnlái kěyǐ zuò dà guān, xiànzài zhǐhǎo děng liú cháng zài shuō le".

Ránér Ā Qiu bù kěn xìn, piān chēng tā "jiǎ yángguǐzi", yě jiào zuò "lǐtōng wàiguó de rén", yī jiàn tā, yīdìng zài dùzi lǐ àn'àn de zhòumà.

(…) Vu la ridicule pilosité de Wang, les moqueries entre eux ont toujours été à sens unique, et jamais ce dernier n'a levé la main sur lui. Le fait qu'il l'ait frappé cette fois-ci est très inattendu. Peut-être sont-elles vraies, les rumeurs qui courent ces jours-ci sur les marchés ? L'Empereur aurait supprimé les examens man-darinaux, il ne voudrait plus de bacheliers ni de licenciés ; se peut-il dès lors que le prestige de la famille Zhao en ait souffert ? — et donc que lui, Ah Q, ne puisse plus en bénéficier ?

Ah Q se relève, désorienté.

Il voit arriver de loin un autre adversaire.

C'est la personne qui l'horripile le plus en ce bas monde : le fils aîné de M. Qian. Un type qui a été dans une académie à l'occidentale, en ville, s'est retrouvé on ne sait comment à étudier au Japon, et en est revenu au bout de six mois avec les jambes roides — et sans natte. Ce détail a d'ailleurs fait le désespoir de sa mère, et sa femme a tenté de mettre fin à ses jours à trois reprises en sautant dans le puits. Ensuite la maman est allée partout, répétant : « Ce sont des sans-foi-ni-loi qui l'ont soûlé et lui ont coupé la natte ! Dire qu'il aurait pu devenir un haut fonctionnaire… maintenant il faudra attendre que ça repousse ! »

Ah Q n'en croit pas un mot et le surnomme « faux diable blanc », ou bien encore « traître à la patrie » et le maudit chaque fois qu'il le croise. En silence.

---

1. La décision de supprimer les examens mandarinaux pour adopter l'éducation supérieure à l'occidentale avait été prise dès 1905, soit quelques années avant la narration. **2.** *Chengyu :* « ne savoir sur quel pied danser, être irrésolu »

3. Dans ces deux expressions, le caractère 洋 « océan » signifie « étranger ». Le terme n'est pas forcément péjoratif, mais peut l'être dans certaines expressions : celle de 东洋 pour désigner le Japon, ou 洋鬼子 « diable étranger » (un peu plus loin), en sont des exemples.

4. La démarche à grands pas habituelle aux Occidentaux (alors que la politesse chinoise voulait le trottinement) avait donné naissance en Chine à une légende selon laquelle les Blancs n'avaient pas d'articulations aux genous.

5. 里通外国 *lǐtōng wàiguó* : « fraterniser avec l'étranger ». L'expression a un moment remplacé le plus classique 汉奸 *hànjiān* « traître à la nation Han ».

阿 Q 尤其"深恶而痛绝之 [1]"的，是他的一条假辫子。辫子而至于假，就是没了做人的资格；他的老婆不跳第四回井，也不是好女人。

这"假洋鬼子"近来了。

"秃儿。驴……"[2]阿Q历来本只在肚子里骂，没有出过声，这回因为正气忿，因为要报仇，便不由的[3]轻轻的说出来了。

不料这秃儿却拿着一支黄漆[4]的棍子——就是阿Q所谓哭丧棒[5]——大踏步走了过来。阿 Q 在这刹那，便知道大约要打了，赶紧抽紧筋骨，耸了肩膀等候着，果然，拍的一声，似乎确凿打在自己头上了。

"我说他！"阿Q指着近旁的一个孩子，分辩说。

拍！拍拍！

在阿 Q 的记忆上，这大约要算是生平第二件的屈辱。

Ā Qiu yóuqí "shēn è ér tòng jué zhī" de, shì tā de yī tiáo jiǎ biànzi. Biànzi ér zhìyú jiǎ, jiùshì méi le zuò rén de zīgé. Tā de lǎopó bù tiào dìsì huí jǐng, yě bù shì hǎo nǚren.

Zhè "jiǎ yángguǐzi" jìnlái le.

"Tūr. Lú..." Ā Qiu lìlái běn zhǐ zài dùzi lǐ mà, méiyǒu chūguò shēng, zhè huí yīnwèi zhèngqì fèn, yīnwèi yào bàochóu, biàn bùyóude qīngqīng de shuōchū lái le.

Bùliào zhè tūr què názhe yīzhī huáng qī de gùnzi —jiùshì Ā Qiu suǒwèi kūsāngbàng — dà tà bù zǒu le guòlai. Ā Qiu zài zhè chànà, biàn zhīdào dàyuē yào dǎ le, gǎnjǐn chōujǐn jīngǔ, sǒng le jiānbǎng děnghòu zhe, guǒrán, pāi de yī shēng, sìhū quèzáo dǎ zài zìjǐ tóu shàng le.

"Wǒ shuō tā !" Ā Qiu zhǐzhe jìnpáng de yīgè háizi, fēnbiàn shuō.

Pāi ! pāi pāi !

Zài Ā Qiu de jìyì shàng, zhè dàyuē yào suàn shì shēngpíng dìèr jiàn de qū rǔ.

Mais ce qu'Ah Q abhorre le plus, c'est sa natte factice. Un type capable de porter une fausse natte ne mérite plus de faire partie de la race humaine ; et si sa femme ne saute pas une quatrième fois dans ce puits, elle n'est qu'une sans-pudeur.

Le « faux diable blanc » approche.

« Espèce de... d'âne chauve... »

Jusqu'ici, Ah Q a gardé ses insultes pour lui. Mais cette fois, sous le coup de la colère et poussé par l'envie de re-vanche, il ne peut s'empêcher de les articuler à voix basse.

Il a toutefois oublié la lourde canne de bois d'arbre à laque qu'il a lui-même baptisée de « bâton de la pleureuse » et que le dit chauve brandit soudain en franchissant à grands pas la distance qui les sépare.

Ah Q devine à cet instant qu'il va encore être du mau-vais côté du manche et s'y prépare en serrant les côtes et en rentrant la tête dans les épaules. Peine perdue – blam ! il semble que le coup lui est tombé en plein milieu du crâne.

« J'causais d'lui ! » proteste-t-il en pointant du doigt un gamin qui passe par là.

Blam ! blam blam !

C'est la seconde des pires humiliations dont Ah Q garde le souvenir.

1. Vient du *chengyu* 深恶痛绝 *shēnwù tòngjué* : « avoir en horreur, haïr amèrement »...

2. 秃驴 *tūlǘ* : insulte normalement réservée aux bonzes bouddhistes (en raison de leur crâne rasé).

3. Cette expression s'écrit aujourd'hui plus fréquemment 不由得.

4. Non pas une canne laquée de jaune ou vernie, mais une canne en bois « d'arbre à lacque ». Ce nom regroupe plusieurs espèces asiatiques d'arbres au bois très dur, dont la sève (toxique à l'état naturel) a plusieurs usages, dont la fabrication de laque.

5. 哭丧棒 : le bâton que devaient porter les fils aux funérailles de leur mère (pour montrer que leur désespoir était tel qu'ils devaient s'appuyer sur un support).

幸而拍拍的响了之后，于他倒似乎完结了一件事，反而觉得轻松些，而且"忘却"这一件祖传的宝贝也发生了效力，他慢慢的走，将到酒店门口，早已有些高兴了。

但对面走来了静修庵里的小尼姑。阿 Q 便在平时，看见伊[1]也一定要唾骂，而况在屈辱之后呢？他于是发生了回忆，又发生了敌忾了。

"我不知道我今天为什么这样晦气，原来就因为见了你！"他想。

他迎上去，大声的吐[2]一口唾沫：

"咳[3]，呸！[4]"

小尼姑全不睬，低了头只是走。阿Q走近伊身旁，突然伸出手去摩着伊新剃的头皮，呆笑着，说：

"秃儿！快回去，和尚等着你……"

"你怎么动手动脚……"尼姑满脸通红的说，一面赶快走。

Xìng'ér pāipāi de xiǎng le zhīhòu, yú tā dào sìhū wánjié le yī jiàn shì, fǎn'ér juéde qīngsōng xiē, érqiě "wàngquè" zhè yī jiàn zǔchuán de bǎobèi yě fāshēng le xiàolì, tā mànmàn de, jiāng dào jiǔdiàn ménkǒu, zǎoyǐ yǒuxiē gāoxìng le.

Dàn duìmiàn zǒu lái le Jìngxiū ān lǐ de xiǎo nígū. Ā Qiu biàn zài píngshí, kànjiàn yī yě yīdìng yào tuò mà, érkuàng zài qūrǔ zhīhòu ne ? Tā yúshì fāshēng le huíyì, yòu fāshēng le díkài le.

"Wǒ bùzhī dào wǒ jīntiān wèishénme zhèyàng huìqì, yuánlái jiù yīnwèi jiàn le nǐ !" tā xiǎng.

Tā yíng shàngqù, dàshēng de tǔ yīkǒu tuòmo :

"Hāi, pēi !"

Xiǎo nígū quán bù cǎi, dī le tóu zhǐshì zǒu.

Ā Qiu zǒu jìn yī shēn páng, tūrán shēnchū shǒu qù mó zhe yī xīn tì de tóupí, dāi xiào zhe, shuō :

"Tūr ! Kuài huíqu, héshang děngzhe nǐ..."

"Nǐ zěnme dòngshǒu-dòngjiǎo..." nígū mǎn liǎn tōnghóng de shuō, yīmiàn gǎnkuài zǒu.

Par chance, dès que les coups finissent de retentir, il croit l'affaire derrière lui et il se détend. L'oubli, ce trésor ancestral, a également fait son office ; Ah Q s'éloigne lentement. À la porte de la taverne, il se sent déjà un peu mieux.

Mais une des petites nonnes du couvent de la Calme Pratique arrive en face de lui. En temps normal il l'aurait déjà abreuvée d'insultes... alors que dire du moment présent ? Ses déboires successifs lui reviennent à la mémoire, la haine s'empare de lui :

« J'savais pas pourquoi j'avais tant de poisse aujourd'hui, maintenant j'ai compris ! » pense-t-il.

Il se porte à la rencontre de la nonne et crache à grand bruit :

« Hhhhk... Pttou ! »

Elle l'ignore et continue son chemin en baissant la tête. Ah Q lui colle au flanc et lève soudain le bras pour frotter son crâne tondu de frais. Il ricane niaisement :

« Allez, grouille-toi la déplumée ! Ton bonze t'attend...

— Comment oses-tu me tripoter... »

Elle rougit jusqu'aux oreilles et accélère.

---

1. 伊 *yī* : caractère utilisé surout dans le chinois classique, synonyme de 他 ou 她. Est cependant plus fréquemment employé au féminin.

2. Le caractère 吐 se prononce *tǔ* dans le sens de « cracher » (ici), *tù* dans le sens de « vomir, régurgiter ».

3. Ici deux sens et prononciations différentes du caractère 咳 conviendraient :
- soit *hāi*, interjection exprimant diverses émotions : surprise, regret, également pour attirer l'attention d'autrui (Hé ! Hého !)
- soit *hái*, l'onomatopée utilisée à l'origine pour le rire d'enfant (sens très ancien), mais qui peut comme nombre d'onomatopées chinoises servir à d'autres usages.
On a choisi ce second sens onomatopéique pour signifier le raclement de gorge de haute intensité préalable à une vigoureuse expectoration, bruit bien connu des gens ayant vécu en Chine, même brièvement.

4. Onomatopée courante : 呸 *pēi,* pour le crachat.

酒店里的人大笑了。阿Q看见自己的勋业得了赏识，便愈加兴高采烈[4]起来：

"和尚动得，我动不得？"他扭住伊的面颊。

酒店里的人大笑了。阿Q更得意，而且为了满足那些赏鉴家起见[2]，再用力的一拧[3]，才放手。

他这一战，早忘却了王胡，也忘却了假洋鬼子，似乎对于今天的一切"晦气"都报了仇；而且奇怪，又仿佛全身比拍拍的响了之后轻松，飘飘然的似乎要飞去了。

"这断子绝孙[4]的阿Q！"远远地听得小尼姑的带哭的声音。

"哈哈哈！"阿Q十分得意的笑。

"哈哈哈！"酒店里的人也九分得意的笑。

Jiǔdiàn lǐ de rén dà xiào le. Ā Qiu kànjiàn zìjǐ de xūnyè dé le shǎngshí, biàn yùjiā xìnggāocǎiliè qǐlái :

"Héshang dòng dé, wǒ dòng bùdé ?" Tā niǔ zhù yī de miàn jiá.

Jiǔdiàn lǐ de rén dà xiào le. Ā Qiu gèng déyì, érqiě wèile mǎnzú nàxiē shǎngjiàn jiā qǐjiàn, zài yòng lì de yī níng, cái fàngshǒu.

Tā zhè yī zhàn, zǎo wàngquè le Wáng Hú, yě wàngquè le jiǎ yángguǐzi, sìhū duìyú jīntiān de yīqiè "huìqì" dōu bào le chóu ;

Érqiě qíguài, yòu fǎngfú quánshēn bǐ pāipāi de xiǎng le zhīhòu qīngsōng, piāopiāorán de sìhū yào fēi qù le.

"Zhè duànzǐ-juésūn de Ā Qiu !" yuǎnyuǎn de tīng dé xiǎo nígū de dài kū de shēngyīn.

"Hā hā hā !" Ā Qiu shífēn déyì de xiào.

"Hā hā hā !" Jiǔdiàn lǐ de rén yě jiǔfēn déyì de xiào.

Les clients de la taverne partent d'un grand rire gras. Voyant que son exploit recueille un succès mérité, Ah Q continue, tout guilleret, en pinçant la joue de la petite nonne :

« Le bonze te tripote et moi, j'y ai pas droit ? »

Éclat de rire des buveurs. Radieux, Ah Q, afin de contenter ce public de connaisseurs, tord encore un bon coup la joue de l'infortunée puis la laisse aller.

Pris par l'intensité de ce combat, il a depuis longtemps oublié Wang-le-barbu, oublié le faux diable blanc, il a pris sa revanche sur toute la poisse accumulée ce jour-là. Et bizarrement, tout son corps lui semble léger et aérien, plus détendu encore qu'après la fin des coups de canne.

« Maudit Ah Q... puisse-t-il crever sans descendance !... »

Il entend s'éloigner la voix de la petite nonne, entrecoupée de sanglots.

« Ha ha ha ! » répond-il seulement, satisfait.

« Ha ha ha ! » réagit son public, à peine moins réjoui.

---

1. 兴高采烈 *xìnggāo cǎiliè* : *chengyu* rare « d'excellente humeur, avec grand plaisir ».

2. 为(了) … 起见 : cette expression en deux parties signifie « afin de…, dans le but d'atteindre tel objectif ».

3. Le caractère 拧 se prononce *níng* dans le sens de « pincer et tordre » (ici), *nǐng* dans le sens de « visser ».

4. *Chengyu* assez courant, généralement employé comme injure.

四

恋爱的悲剧

有人说：有些胜利者，愿意敌手如虎，如鹰，他才感得胜利的欢喜；假使如羊，如小鸡，他便反觉得胜利的无聊。又有些胜利者，当克服一切之后，看见死的死了，降的降了，"臣诚惶诚恐死罪死罪"[1]，他于是没有了敌人，没有了对手，没有了朋友，只有自己在上，一个，孤另另，凄凉，寂寞，便反而感到了胜利的悲哀。然而我们的阿Q却没有这样乏，他是永远得意的：这或者也是中国精神文明冠[2]于全球的一个证据了。

看哪，他飘飘然的似乎要飞去了！

然而这一次的胜利，却又使他有些异样。他飘飘然的飞了大半天，飘进土谷祠，照例应该躺下便打鼾。(…)

Sì

Liànài de bēijù

Yǒu rén shuō : yǒuxiē shènglìzhě, yuànyì díshǒu rú hǔ, rú yīng, tā cái gǎn dé shènglì de huānxǐ ; jiǎshǐ rú yáng, rú xiǎojī, tā biàn fǎn juéde shènglì de wúliáo. Yòu yǒuxiē shènglìzhě, dāng kèfú yīqiè zhīhòu, kànjiàn sǐ de sǐ le, xiáng de xiáng le, "chén chéng huáng chéng kǒng sǐzuì sǐzuì", tā yúshì méiyǒu le dírén, méiyǒu le duìshǒu, méiyǒu le péngyou, zhǐyǒu zìjǐ zài shàng, yīgè, gūlìnglìng, qīliáng, jìmò, biàn fǎnér gǎndào le shènglì de bēiāi. Ránér wǒmen de Ā Qiu què méiyǒu zhèyàng fá, tā shì yǒngyuǎn déyì de : zhè huòzhě yě shì Zhōngguó jīngshén wénmíng guàn yú quánqiú de yīgè zhèngjù le.

Kàn nǎ, tā piāopiāorán de sìhū yào fēi qù le !

Ránér zhè yīcì de shènglì, què yòu shǐ tā yǒuxiē yìyàng. Tā piāopiāorán de fēi liǎo dà bàntiān, piāo jìn Tǔgǔ cí, zhàolì yīnggāi tǎng xià biàn dǎ hān. (...)

Quatre

La tragédie de l'amour

CERTAINS PRÉTENDENT que la victoire n'est belle que quand l'adversaire est de taille, qu'il est doté de la force du tigre et de la cruauté du rapace. Si l'ennemi n'est que mouton ou poussin, la victoire est ennuyeuse. D'autres affirment qu'après le triomphe final, quand il n'y a plus d'ennemis – tous désormais pourrissants sur le champ de bataille ou prostrés dans la plus abjecte soumission – ni d'amis, que le héros, seul au-dessus de tout, dans le lugubre silence de sa tour d'ivoire, ressent alors la souffrance de la victoire. Mais notre Ah Q n'est pas sujet à de telles faiblesses : il est toujours content. Voilà sans doute la preuve de la supériorité de la civilisation chinoise sur toutes les autres.

Regardez-le, comme il flotte, comme il est prêt à s'envoler !...

Et pourtant cette dernière victoire fut un peu différente. Il flotta la majeure partie de la journée, flotta jusqu'à sa couche dans le Temple des dieux tutélaires où il s'allongea pour se mettre à ronfler comme à son habitude. (...)

1. Formule toute faite empruntée à des auteurs anciens (ex : Cao Zhi, 192-232) : « Votre sujet tremble de peur et mérite mille fois la mort ! »
2. Au 1ᵉʳ ton le caractère signifie « chapeau » ou « en forme de chapeau », au 4ᵉ ton il signifie « mettre son chapeau » ou « occuper la première place », « être au-dessus du lot »

(…)谁知道这一晚，他很不容易合眼，他觉得自己的大拇指和第二指有点古怪：仿佛比平常滑腻些。不知道是小尼姑的脸上有一点滑腻的东西粘在他指上，还是他的指头在小尼姑脸上磨得滑腻了？……

"断子绝孙的阿Q！"

阿Q的耳朵里又听到这句话。他想：不错，应该有一个女人，断子绝孙便没有人供一碗饭，……应该有一个女人。夫"不孝有三无后为大"[1]，而"若敖之鬼馁而"[2]，也是一件人生的大哀，所以他那思想，其实是样样合于圣经贤传的，只可惜后来有些"不能收其放心"[3]了。

"女人，女人！……"他想。

"……和尚动得……女人，女人！……女人！"他又想。

我们不能知道这晚上阿Q在什么时候才打鼾。但大约他从此总觉得指头有些滑腻，所以他从此总有些飘飘然；"女……"他想。

(...) Shéi zhīdào zhè yī wǎn, tā hěn bù róngyì hé yǎn, tā juéde zìjǐ de dàmuzhǐ hé dièr zhǐ yǒu diǎn gǔguài : fǎngfú bǐ píngcháng huánì xiē. Bù zhīdào shì xiǎo nígū de liǎn shàng yǒu yīdiǎn huánì de dōngxi nián zài tā zhǐ shàng, háishi tā de zhǐtou zài xiǎo nígū liǎn shàng mó dé huánì liǎo ? ...

"Duànzǐ-juésūn de Ā Qiu !"

Ā Qiu de ěrduo lǐ yòu tīngdào zhè jù huà. Tā xiǎng : bùcuò, yīnggāi yǒu yīgè nǔren, duànzǐ-juésūn biàn méiyǒu rén gòng yīwǎn fàn, ... yīnggāi yǒu yīgè nǔren. Fú "bù xiào yǒu sān wú hòu wèi dà", ér "Ruò'áo zhī guǐněi ér", yě shì yījiàn rénshēng de dà āi, suǒyǐ tā nà sīxiǎng, qíshí shì yàngyàng hé yú shèngjīng xián chuán de, zhǐ kěxī hòulái yǒuxiē "bùnéng shōu qí fàngxīn" le.

"Nǔren, nǔren !... tā xiǎng.

"... Héshàng dòng dé... nǔren, nǔren !... nǔren ! " tā yòu xiǎng.

Wǒmen bù néng zhīdào zhè wǎnshang Ā Qiu zài shénme shíhou cái dǎ hān. Dàn dàyuē tā cóngcǐ zǒng juéde zhǐtou yǒuxiē huánì, suǒyǐ tā cóngcǐ zǒng yǒuxiē piāopiāorán ; "Nǔ ..." tā xiǎng.

(…) Mais ce soir-là, il eut grand-peine à clore ses paupières et ressentait quelque chose de bizarre aux extrémités du pouce et de l'index, comme si sa peau était plus douce qu'à l'ordinaire. Le visage de la petite nonne était-il couvert d'un enduit satiné qui lui collait aux doigts, ou bien l'avait-il pincée si fort qu'il s'en était usé la peau ?

Dans ses oreilles résonna de nouveau le « Maudit Ah Q... puisse-t-il crever sans descendance !... » et il pensa : « C'est vrai, il faut que je me trouve une femme. Sans enfants je n'aurai personne pour s'occuper des offrandes à ma mémoire... il faut que je me trouve une femme. » Ne dit-on pas que « des trois manquements au devoir filial, le plus grave est de ne pas perpétuer la lignée » ? Ne parle-t-on pas des « esprits affamés des Ruo'ao » ? Il s'agissait donc d'un grave problème existentiel, et sur cette question ses pensées s'accordaient avec les enseignements sacrés des Classiques ; dommage cependant que cela ne suffît pas à le rasséréner.

« Les femmes... les femmes ! » ruminait-il. « Même le bonze y a droit... Ah ! les femmes... les femmes ! »

Nous ne pouvons savoir quand Ah Q se mis enfin à ronfler. Ce fut probablement à partir de là qu'il ressentit toujours cette étrange sensation au bout des doigts, qui le mettait comme dans un état perpétuel d'ébriété, avec dans sa tête un « Femelles... » qui trottait...

---

1. Proverbe qui vient d'une citation de Mencius. Les deux autres manquements à la piété filiale sont la désobéissance et la non-assistance.

2. 若敖之鬼馁而 *Ruò'áo zhī guǐ něi ér* : vient de l'ouvrage classique « le Commentaire de Zuo ». Ruò'áo est le nom d'une grande famille du Royaume de Chu dont un nombre considérable de représentants ont été exterminés après avoir comploté contre le Roi.

3. Citation déformée de l'ouvrage classique « Le Livre des Documents » (书经 ou 尚书, IXᵉ-VIᵉ siècle avant notre ère).

即此一端，我们便可以知道女人是害人的东西。

中国的男人，本来大半都可以做圣贤，可惜全被女人毁掉了。商是妲己闹亡的；周是褒姒[1]弄坏的；秦……虽然史无明文，我们也假定他因为女人，大约未必十分错；而董卓可是的确给貂蝉[2]害死了。

阿 Q 本来也是正人，我们虽然不知道他曾蒙什么明师[3]指授过，但他对于"男女之大防"却历来非常严；也很有排斥异端[4]——如小尼姑及假洋鬼子之类——的正气。他的学说是：凡尼姑，一定与和尚私通；一个女人在外面走，一定想引诱野男人；一男一女在那里讲话，一定要有勾当了。为惩治他们起见，所以他往往怒目而视，或者大声说几句"诛心"话，或者在冷僻处，便从后面掷一块小石头。

Jí cǐ yī duān, wǒmen biàn kěyǐ zhīdào nǚren shì hài rén de dōngxi.

Zhōngguó de nánrén, běnlái dàbàn dōu kěyǐ zuò shèngxián, kěxī quán bèi nǚren huǐdiào le. Shāng shì Dájǐ nàowáng de ; Zhōu shì Bāosì nònghuài de ; Qín ... suīrán shǐ wú míngwén, wǒmen yě jiǎdìng tā yīnwèi nǚren, dàyuē wèibì shífēn cuò ; ér Dǒng Zhuó kě shì díquè gěi Diāochán hàisǐ le.

Ā Qiu běnlái yě shì zhèng rén, wǒmen suīrán bùzhī dào tā céng méng shénme míngshī zhǐshòu guò, dàn tā duìyú "nánnǚ zhī dà fáng" què lìlái fēicháng yán ; yě hěn yǒu páichì yìduān – rú xiǎo nígū jí jiǎ yángguǐzi zhī lèi – de zhèngqì. Tā de xuéshuō shì : fán nígū, yīdìng yú héshang sītōng ; yīgè nǚren zàiwài miàn zǒu, yīdìng xiǎng yǐnyòu yě nánrén ; yī nán yī nǚ zài nàli jiǎnghuà, yīdìng yào yǒu gòudàng le. Wéi chéngzhì tāmen qǐjiàn, suǒyǐ tā wǎngwǎng nùmù ér shì, huòzhě dàshēng shuō jǐ jù "zhūxīn huà", huòzhě zài lěngpì chù, biàn cóng hòumian zhì yīkuài xiǎo shítou.

1. *Dá Jǐ* : concubine du dernier roi (le roi Zhou) de Shang. Ses caprices auraient fait sombrer le roi dans la folie et la cruauté la plus atroce, causant la perte du mandat du Ciel, la révolte des vassaux et le remplacement de la dynastie par les Zhou. De même, afin de faire rire la très belle mais très mélancolique *Bāo Sì*, le roi You de Zhou se comporte de telle façon qu'il perd le respect de ses vassaux qui ne viennent plus à son aide quand il est attaqué par les Barbares.

Cet épisode nous apprend que l'engeance féminine est bien un danger pour l'humanité. La plupart des hommes chinois pourraient devenir des sages, s'ils n'en étaient empêchés par les femmes. C'est la concubine Da Ji qui a causé la chute des Shang ; Bao Si a fait de même avec les Zhou de l'Ouest. Quant aux méfaits de l'empereur Qin... on n'en trouve pas de preuves historiques, mais en affirmant que tout est la faute d'une femme on ne se trompe sûrement pas de beaucoup. Et nous savons tous que la mort de Dong Zhuo est due à Diaochan.

Ah Q était, quant à lui, irréprochable en la matière. Était-ce grâce à l'enseignement d'un instituteur clair-voyant ? Il avait toujours respecté très strictement les règles ancestrales prohibant la fréquentation des femmes — et dénoncé à juste titre les déviants comme la jeune nonne ou le faux diable blanc. Sa doctrine était simple : pas une bonzesse qui ne se fît culbuter par un bonze ; pas une femme marchant seule dans la rue qui ne cherchât à attirer les crapules ; tout homme et toute femme engageant la conversation, où que ce fût, n'avaient qu'une idée en tête. Histoire de les remettre dans le droit chemin, Ah Q n'hésitait pas à les cingler de son « Regard furibond » ou de quelques pénétrantes critiques — à moins qu'il n'allât jusqu'à leur lancer une caillasse par derrière, s'il se trouvait dans un endroit pas trop fréquenté.

2. Fille adoptive d'un ministre de la dynastie Han finissante, *Diāochán* fut instrumentalisée par son père pour inciter le général Lu Bu à l'assassinat de Dong Zhuo, Premier ministre tyrannique. Avec les deux concubines précédemment citées, elle représente le danger que fait courir la beauté extrême d'une femme à la stabilité d'un pays... Mais à la différence de celles-là, elle n'est pas perverse et agit par piété filiale.

3. Cette phrase est construite à partir de l'expression 蒙师 qui signifie « professeur d'éducation primaire, de base ».

4. 异端 *yìduān* : « hétérodoxie, hérésie » (aussi « mauvais présage »).

谁知道他将到"而立"[1]之年，竟被小尼姑害得飘飘然了。这飘飘然的精神，在礼教上是不应该有的，——所以女人真可恶，假使小尼姑的脸上不滑腻，阿 Q 便不至于被蛊，又假使小尼姑的脸上盖一层布，阿 Q 便也不至于被蛊了，——他五六年前，曾在戏台下的人丛中拧过一个女人的大腿，但因为隔一层裤，所以此后并不飘飘然，——而小尼姑并不然，这也足见异端之可恶。

"女……"阿 Q 想。

他对于以为"一定想引诱野男人"的女人，时常留心看，然而伊并不对他笑。他对于和他讲话的女人，也时常留心听，然而伊又并不提起关于什么勾当的话来。哦[2]，这也是女人可恶之一节：伊们全都要装"假正经"[3]的。

这一天，阿 Q 在赵太爷家里舂了一天米，吃过晚饭，便坐在厨房里吸旱烟[4]。(…)

Shéi zhīdào tā jiàng dào "érlì" zhī nián, jìng bèi xiǎo nígū hài dé piāopiāorán le. Zhè piāopiāorán de jīngshen, zài lǐjiào shàng shì bù yīnggāi yǒude, — suǒyǐ nǚren zhēn kěwù, jiǎshǐ xiǎo nígū de liǎn shàng bù huánì, Ā Qiu biàn bù zhìyú bèi gǔ, yòu jiǎshǐ xiǎo nígū de liǎn shàng gài yīcéng bù, Ā Qiu biàn yěbù zhìyú bèi gǔ le, — tā wǔ liù niánqián, céng zài xìtái xià de réncóng zhōng níng guò yīgè nǚren de dàtuǐ, dàn yīnwèi gé yīcéng kù, suǒyǐ cǐhòu bìngbù piāopiāorán, — ér xiǎo nígū bìng bù rán, zhè yě zú jiàn yìduān zhī kěwù.

"Nǚ ..." Ā Qiu xiǎng.

Tā duìyú yǐwéi "yīdìng xiǎng yǐnyòu yě nánrén" de nǚren, shícháng liúxīn kàn, ránér yī bìng bù duì tā xiào. Tā duìyú hé tā jiǎnghuà de nǚren, yě shícháng liúxīn tīng, ránér yī yòu bìng bù tíqǐ guānyú shénme gòudàng de huà lái. Ò, zhè yě shì nǚren kěwù zhī yī jié : yīmen quándōu yào zhuāng "jiǎ zhèngjīng" de.

Zhè yī tiān Ā Qiu zài Zhào tàiyé jiā lǐ chōng le yī tiān mǐ, chīguò wǎnfàn, biàn zuò zài chúfáng lǐ xī hànyān. (...)

Incroyable ! À trente ans, l'âge où l'on doit « s'affermir dans la Voie », Ah Q avait donc pu être mis dans un tel état par une simple petite nonne ! Cette humeur exaltée, proche de l'ivresse, était tout à fait contraire aux enseignements confucéens – les femmes sont si perverses ! Si la peau de cette bonzesse n'avait pas été aussi satinée, ou si elle avait porté un voile sur son visage, Ah Q n'aurait pas été corrompu. C'est vrai que cinq ou six ans auparavant, dans la cohue régnant au pied de l'estrade de théâtre, il lui était arrivé de pincer la cuisse d'une fille ; mais ça n'avait pas eu les mêmes conséquences délétères, car elle portait un pantalon – contrairement à la petite nonne, ce qui suffit bien à prouver la dépravation de cette dernière.

« Femelles... » songeait Ah Q.

Il gardait un œil attentif sur celles dont il estimait qu'elles « cherchaient à attirer les crapules », mais ce n'était jamais à lui qu'elles souriaient. Il écoutait tout aussi attentivement les autres qui daignaient lui adresser la parole, mais il ne les entendait pas non plus évoquer quoi que ce fût en rapport avec la chose. Ah ! encore une preuve de la perfidie de l'espèce : elles voulaient toutes cacher leur vice sous un manteau de pudeur.

Ce soir-là, Ah Q fumait la pipe, assis dans la cuisine chez M. Zhao après avoir passé la journée à piler le riz et avalé son dîner. (...)

---

1. Les *Entretiens de Confucius*, livre II « De l'homme » (trad. A. Cheng).

2. Prononcé *Ò*, cette interjection exprime la réalisation, la compréhension. Mais elle aurait aussi pu être rendue par *Ó*, exprimant alors la surprise.

3. 假正经 : expression toute faite, signifant fausse pudeur, hypocrisie.

4. 旱烟 ou « tabac sec » : tabac fumé dans la pipe à long tube traditionnelle, par contraste avec le tabac fumé dans les différents modèles de pipe à eau. L'ustensile peut aller d'une dizaine de centimètres à près de deux mètres.

（……）倘在别家，吃过晚饭本可以回去的了，但赵府上晚饭早，虽说定例不准掌灯，一吃完便睡觉，然而偶然也有一些例外：其一，是赵大爷[2]未进秀才的时候，准其点灯读文章；其二，便是阿Q来做短工的时候，准其点灯舂米。因为这一条例外，所以阿Q在动手舂米之前，还坐在厨房里吸烟旱。

吴妈，是赵太爷家里唯一的女仆，洗完了碗碟，也就在长凳上坐下了，而且和阿Q谈闲天：

"太太两天没有吃饭哩，因为老爷要买一个小的……"

"女人……吴妈……这小孤孀……"阿Q想。

"我们的少奶奶[2]是八月里要生孩子了……"

"女人……"阿Q想。阿Q放下烟管，站了起来。

"我们的少奶奶……"吴妈还唠叨说。

"我和你困觉[3]，我和你困觉！"阿Q忽然抢上去，对伊跪下了。

一刹时中很寂然。

(...) Tǎng zài bié jiā, chīguò wǎnfàn běn kěyǐ huíqu de le, dàn Zhào fǔ shàng wǎnfàn zǎo, suīshuō dìng lì bù zhǔn zhǎng dēng, yī chīwán biàn shuìjiào, ránér ǒurán yě yǒu yīxiē lìwài : qí yī, shì Zhào dàye wèi jìn xiùcái de shíhòu, zhǔn qí diǎn dēng dú wénzhāng ; qí èr, biàn shì Ā Qiu lái zuò duǎngōng de shíhòu, zhǔn qí diǎn dēng chōng mǐ. Yīnwèi zhè yī tiáolì wài, suǒyǐ Ā Qiu zài dòngshǒu chōng mǐ zhīqián, hái zuò zài chúfáng lǐ xīyān hàn.

Wú Mā, shì Zhào tàiyé jiā lǐ wéiyī de nǚpú, xǐwán le wǎndié, yě jiù zài cháng dèng shàng zuòxia le, érqiě hé Ā Qiu tán xiántiān :

"Tàitai liǎng tiān méiyǒu chīfàn li, yīnwèi lǎoye yào mǎi yīgè xiǎo de..."

"Nǚren... Wú Mā... Zhè xiǎo gūshuāng..." Ā Qiu xiǎng.

"Wǒmen de shàonǎinai shì bāyuè lǐ yào shēng háizi le..."

"Nǚren..." Ā Qiu xiǎng. Ā Qiu fàngxia yān guǎn, zhàn le qǐlái.

"Wǒmen de shàonǎinai..." Wú Mā hái láo dao shuō.

"Wǒ hé nǐ kùnjiào, wǒ hé nǐ kùnjiào !" Ā Qiu hūrán qiǎng shàngqù, duì yī guì xià le.

Yī chàshí zhōng hěn jìrán.

(…) Chez d'autres employeurs, il serait parti sitôt la fin du repas, mais on dînait tôt chez les Zhao ; même si la coutume voulait que la nuit venue, on allât se coucher sans allumer de lampes, on y faisait exception de temps à autre. Quand le fils révisait pour l'examen de bachelier, par exemple... ou quand Ah Q était temporairement embauché ; on lui permettait une lampe pour qu'il pût continuer à piler le grain. C'était pour cette raison qu'Ah Q, avant de s'y remettre, se tenait dans un coin de la cuisine et y savourait une bonne pipe.

La mère Wu, seule et unique domestique féminine des Zhao, a terminé la vaisselle et vient s'asseoir à côté de lui sur le banc pour faire un brin de causette :

« Ça fait deux jours que Madame n'a rien mangé, parce que Monsieur veut s'acheter une concubine... »

« Femmes... la mère Wu... c't'une p'tite veuve... » pense Ah Q.

« La jeune maîtresse va accoucher le huitième mois... »

« Femmes... »

Ah Q pose sa pipe et se lève.

« La jeune maîtresse… jacassait la mère Wu.

— Couche avec moi, couche avec moi ! » crie soudain Ah Q en se jetant à genoux.

Un ange passe, dans le plus grand silence.

1. Ne pas confondre 大爷 avec 太爷, le terme utilisé pour M. Zhao, le père. Usage dialectal d'un terme qui désigne normalement l'oncle, frère aîné du père.

2. 少奶奶 : Ce terme ne doit pas se traduire par « jeune grand-mère »... mais signifie « Jeune maîtresse de maison » ou bien « belle-fille » (expression polie). Dans ce cas 少 se prononce *shào* « jeune », plutôt que *shăo* « peu ». Les deux sens peuvent être corrects ici, la mère Wu parlant de la femme du fils aîné, le bachelier.

3. Terme dialectal de la région de Shaoxing (et quelques autres endroits), synonyme de 睡觉.

"阿呀！"吴妈楞了一息，突然发抖，大叫着往外跑，且跑且嚷，似乎后来带哭了。

阿 Q 对了墙壁跪着也发楞，于是两手扶着空板凳，慢慢的站起来，仿佛觉得有些糟。他这时确也有些忐忑了，慌张的将烟管插在裤带上，就想去舂米。蓬的一声，头上着了很粗的一下，他急忙回转身去，那秀才便拿了一支大竹杠站在他面前。

"你反了，……你这……"

大竹杠又向他劈下来了。阿 Q 两手去抱头，拍的正打在指节上，这可很有些痛。他冲出厨房门，仿佛背上又着了一下似的。

"忘八蛋！"秀才在后面用了官话这样骂[1]。

阿 Q 奔入舂米场，一个人站着，还觉得指头痛，还记得"<u>忘八蛋</u>"[2]，因为这话是未庄的乡下人从来不用，专是见过官府的阔人用的，所以格外怕，而印象也格外深。(…)

"Āya !" Wú Mā lèng le yī xī, tūrán fādǒu, dà jiàozhe wǎng wài pǎo, qiě pǎo qiě rǎng, sìhū hòulái dài kū le.

Ā Qiu duì le qiángbì guìzhe yě fā lèng, yúshì liǎngshǒu fú zhe kōng bǎndèng, mànmàn de zhàn qǐlái, fǎngfú juéde yǒuxiē zāo. Tā zhè shí què yě yǒuxiē tǎntè le, huāngzhāng de jiāng yānguǎn chā zài kùdài shàng, jiù xiǎng qù chōng mǐ. Péng de yī shēng, tóu shàng zháo le hěn cū de yī xià, tā jímáng huí zhuǎnshēn qù, nà xiùcái biàn ná le yī zhī dà zhú gàng zhàn zài tā miànqián.

"Nǐ fǎn le, ... nǐ zhè..."

Dà zhú gàng yòu xiàng tā pī xiàlai le. Ā Qiu liǎngshǒu qù bào tóu, pāi de zhèng dǎ zài zhǐjié shàng, zhè kě hěn yǒuxiē tòng. Tā chōng chū chúfáng mén, fǎngfú bèi shàng yòu zháo le yīxià shìde.

"Wàngbā dàn !" Xiùcái zài hòumiàn yòng le guānhuà zhèyàng mà.

Ā Qiu bēn rù chōngmǐchǎng, yī gè rén zhànzhe, hái juéde zhǐtou tòng, hái jìde "wàngbā dàn", yīnwèi zhè huà shì Wèizhuāng de xiāngxia rén cónglái bù yòng, zhuān shì jiàn guò guānfǔ de kuòrén yòng de, suǒyǐ géwài pà, ér yìnxiàng yě géwài shēn. (...)

---

1. Cette insulte est en effet originaire du nord de la Chine, dont le dialecte se rapproche du 官话, c'est à dire la langue qu'utilisaient les fonctionnaires *(...)*

La mère Wu reste figée le temps d'une inspiration, se met à trembler de tout son corps et soudain détale en poussant un grand cri, « Aya ! », elle hurle en courant et ses cris se noient bientôt dans un sanglot.

Ah Q reste agenouillé face au mur, immobile, puis pose les deux mains sur le banc vide et se relève, sentant confusément qu'il a foiré quelque chose. Il remet fébrilement la pipe à sa ceinture avec le sentiment d'un désastre imminent et décide de reprendre son travail. « Blam ! » Un grand coup lui tombe sur la tête. Il se retourne en hâte et voit le Bachelier devant lui, un gros gourdin de bambou entre les mains.

« Espèce de !... tu as osé !!! »

Et le bambou retombe. Ah Q se protège la tête des deux mains et prend le bambou sur les phalanges, c'est sans doute encore plus douloureux. Il se rue hors de la cuisine, sans pouvoir éviter un autre coup dans le dos.

« Bâtard ! » hurle le bachelier, le gratifiant d'une étrange insulte en langue lettrée.

Ah Q se réfugie dans la grange à piler le grain ou il se retrouve seul, seul avec ses doigts qui l'élancent autant que le souvenir vexatoire de l'injure. « Patard » ? Il valait quand même plus que deux malheureux sous de billon... Cette insulte est inusitée à Weizhuang, il ne l'a jamais entendue que chez les richards, elle est donc d'autant plus effrayante et blessante qu'elle est rare. (...)

(...) et les lettrés comme langue vernaculaire dans tous l'empire : le mandarin. Or 忘八 ou 王八 est un terme familier pour désigner une tortue. L'insulte se traduit alors « œuf de tortue », la tortue étant synonyme de « cocu », ou encore de « maquereau (proxénète) ». L'œuf de tortue est donc le fils d'un cocu, ou bien un fils de p***, donc un bâtard. D'autres explications existent, moins crédibles, sur l'étymologie de cette insulte.

2. Certains traducteurs estiment que Ah Q a compris le sens de l'insulte bien qu'elle soit proférée dans une langue qui lui est presque étrangère. Nous avons choisi d'interpréter ce passage comme s'il n'avait pas compris l'insulte. La traduction française de ce passage diffère donc forcément de l'original, puisqu'il faut trouver deux termes insultants qui sonnent de façon identique en français, comme le font les termes d'origine en chinois.

（…）但这时，他那"女……"的思想却也没有了。而且打骂之后，似乎一件事也已经收束，倒反觉得<u>一无挂碍</u>[1]似的，便动手去春米。春了一会，他热起来了，又歇了手脱衣服。

脱下衣服的时候，他听得外面很热闹，阿Q生平本来最爱看热闹，便即寻声走出去了。寻声渐渐的寻到赵太爷的内院里，虽然在昏黄中，却辨得出许多人，赵府一家连两日不吃饭的太太也在内，还有间壁的邹七嫂，真正本家的赵白眼，赵司晨。

少奶奶正拖着吴妈走出下房来，一面说：

"你到外面来，……不要躲在自己房里想……"

"谁不知道你正经，……<u>短见是万万寻</u>[2]不得的。"邹七嫂也从旁说。

吴妈只是哭，夹些话，却不甚听得分明。

阿Q想："哼，有趣，这小孤孀不知道闹着什么玩意儿了？"他想打听，走近赵司晨的身边。（…）

(...) Dàn zhè shí, tā nà "nǚ..." de sīxiǎng què yě méiyǒu le. Érqiě dǎ mà zhīhòu, sìhū yī jiàn shì yě yǐjīng shōushù, dàofǎn juéde yīwú-guà'ài shìde, biàn dòngshǒu qù chōngmǐ. Chōng le yīhuì, tā rè qǐlái le, yòu xiē le shǒu tuō yīfú.

Tuō xià yīfu de shíhòu, tā tīng dé wàimian hěn rènao, Ā Qiu shēngpíng běnlái zuì ài kàn rènao, biàn jí xún shēng zǒuchū qù le. Xún shēng jiànjiàn de xún dào Zhào tàiyé de nèi yuàn lǐ, suīrán zài hūnhuáng zhōng, què biàn dé chū xǔduō rén, Zhào fǔ yī jiā lián liǎng rì bù chīfàn de tàitai yě zàinèi, háiyǒu jiānbì de Zōu qī sǎo, zhēnzhèng běnjiā de Zhào Báiyǎn, Zhào Sīchén.

Shàonǎinai zhèng tuōzhe Wú Mā zǒu chū xiàfáng lái, yīmiàn shuō :

"Nǐ dào wàimian lái, ... bùyào duǒ zài zìjǐ fáng lǐ xiǎng..."

"Shéi bù zhīdào nǐ zhèngjīng, ... duǎnjiàn shì wànwàn xún bùdé de."

Wú Mā zhǐ shì kū, jiā xiē huà, què bùshèn tīng dé fēn míng.

Ā Qiu xiǎng : "Hēng, yǒuqù, zhè xiǎo gūshuāng bù zhīdào nàozhe shénme wányìr le ?" Tā xiǎng dǎtīng, zǒu jìn Zhào sīchén de shēnbiān. (...)

(...) Toujours est-il qu'il ne songe plus du tout aux femmes. Comme il semble que les coups et les invectives ont réglé la question, il cesse de s'inquiéter et se remet à la tâche. Et comme il pile de bon cœur, il commence à avoir chaud et s'arrête au bout d'un moment pour retirer son habit.

Il perçoit à cet instant un grand tumulte au-dehors. Ah Q a toujours apprécié l'animation, et il sort pour trouver la raison de ce vacarme. Sa recherche l'amène jusqu'à la cour intérieure de la résidence des Zhao où il distingue, malgré l'obscurité, de nombreuses silhouettes. Toute la maisonnée est rassemblée là, y compris l'épouse délaissée qui n'a pas mangé depuis deux jours, et en sus il voit la voisine, la septième belle-sœur Zou, et deux parents qu'il connaît sous les noms de Zhao Baiyan et Zhao Sichen.

La jeune maîtresse tire la mère Wu des quartiers réservés aux domestiques en la cajolant :

« Sors donc nous rejoindre... ne te réfugie pas toute seule dans ta chambre... à penser à...

— Tout le monde sait bien que tu es un modèle de vertu... dit Mme Zou pour l'aider. Le suicide n'arran-gerait vraiment rien... »

Mais la mère Wu continue à verser toutes les larmes de son corps et sa réponse est largement inintelligible.

Ah Q pense : « Tiens, c'est marrant, qu'est-ce qui lui prend ? » Il veut se renseigner et se rapproche de Zhao Si-chen. (…)

---

1. Forme moins courante du *chengyu* 心无挂碍 : « ne pas s'en faire, être libre de tout souci ».

2. 寻短见 *xún duǎnjiàn* est une expression qui signifie « se suicider, mettre fin à ses jours ».

（⋯）这时他猛然间看见赵大爷向他奔来，而且手里捏着一支大竹杠。他看见这一支大竹杠，便猛然间悟到自己曾经被打，和这一场热闹似乎有点相关。他翻身便走，想逃回舂米场，不图这支竹杠阻了他的去路，于是他又翻身便走，自然而然的走出后门，不多工夫，已在土谷祠内了。

阿Q坐了一会，皮肤有些起粟，他觉得冷了，因为虽在春季，而夜间颇有余寒，尚不宜于赤膊。他也记得布衫留在赵家，但倘若去取，又深怕秀才的竹杠。然而地保进来了。

"阿Q，你的妈妈的[1]！你连赵家的用人都调戏起来，简直是造反。害得我晚上没有觉睡，你的妈妈的！⋯⋯"

如是云云的教训了一通，阿Q自然没有话。临末，因为在晚上，应该送地保加倍酒钱四百文，阿Q正没有现钱，便用一顶毡帽做抵押，并且订定了五条件：

(...) Zhè shí tā měngrán jiān kànjiàn Zhào dàye xiàng tā bēn lái, érqiě shǒulǐ niēzhe yī zhī dà zhú gàng. Tā kànjiàn zhè yī zhī dà zhú gàng, biàn měngrán jiān wùdào zìjǐ céngjīng bèi dǎ, hé zhè yī chǎng rènao sìhū yǒu diǎn xiāngguān. Tā fānshēn biàn zǒu, xiǎng táohuí chōngmǐ chǎng, bù tú zhè zhī zhú gàng zǔ le tā de qùlù, yúshì tā yòu fānshēn biàn zǒu, zìrán érrán de zǒuchū hòumén, bù duō gōngfu, yǐ zài Tǔgǔ cí nèi le.

Ā Qiu zuò le yīhuì, pífū yǒuxiē qǐ sù, tā juéde lěng le, yīnwèi suī zài chūnjì, ér yèjiān pō yǒu yú hán, shàng bù yí yú chìbó. Tā yě jìde bùshān liú zài Zhào jiā, dàn tǎngruò qù qǔ, yòu shēnpà xiùcái de zhú gàng. Ránér dìbǎo jìnlái le.

"Ā Qiu, nǐ de māma de ! Nǐ lián Zhào jiā de yòngrén dōu tiáoxì qǐlái, jiǎnzhí shì zàofǎn. Hài dé wǒ wǎnshang méiyǒu jiào shuì, nǐ de māma de !..."

Rú shì yúnyún de jiàoxun le yī tòng, Ā Qiu zìrán méiyǒu huà. Lín mò, yīnwèi zài wǎnshang, yīnggāi sòng dìbǎo jiā bèi jiǔqián sì bǎi wén, zhèng méiyǒu xiànqián, biàn yòng yī dǐng zhānmào zuò dǐyā, bìngqiě dìng dìng le wǔ tiáojiàn :

(…) C'est à cet instant qu'il aperçoit le jeune seigneur Zhao accourir à lui, le gros bambou à la main. La vue de l'instrument contondant lui rappelle qu'il en a très récemment tâté, et il comprend soudain que cela a peut-être un léger rapport avec l'intéressant spectacle qui se déroule sous ses yeux. Il pivote et veut aller retrouver pilon et mortier. Mais le bambou est sur son chemin. Il pivote encore, s'esbigne par la porte de derrière, et en quelques instants il a rejoint son temple.

Il reste assis un moment avant d'être saisi par la chair de poule. Il a froid : c'est le printemps, mais les nuits sont encore fraîches et ne se marient pas bien avec un torse nu. Mais où est donc sa chemise ? Chez les Zhao, pardi. Il irait bien la chercher mais craint plus le bambou du Bachelier que le froid. Il en est là de ses réflexions quand l'agent de la police rurale pénètre dans son abri.

« Ah Q, putain d'ta mère ! T'as pas pu t'empêcher de chercher noise à la bonniche des Zhao, c'est de la rébellion pure et simple... Tu lui as fait tellement peur qu'ils m'ont empêché de fermer l'œil de toute la soirée ! Putain d'ta mère ! »

Et cætera, et cætera. La réprimande n'en finit pas et Ah Q n'a rien à répondre. Vers la fin, comme c'est la nuit, le pourboire dont il doit se fendre est doublé à quatre cents sapèques. Et puisqu'il n'a pas un sou vaillant sur lui, il doit donner son bonnet de feutre en gage au gardien de l'ordre et agréer cinq conditions :

---

1. Les insultes et jurons impliquant la mère de l'intéressé sont encore plus fréquentes en chinois qu'en français et en anglais...

一　明天用<u>红烛</u>[1]——要一斤重的——一对，香一封，到赵府上去赔罪。

二　赵府上请道士祓除<u>缢鬼</u>[2]，费用由阿Q负担。

三　阿Q从此不准踏进赵府的门槛。

四　吴妈此后倘有不测，<u>惟阿Q是问</u>[3]。

五　阿Q不准再去索取工钱和布衫。

阿Q自然都答应了，可惜没有钱。幸而已经春天，棉被可以无用，便质了二千<u>大钱</u>[4]，履行条约。赤膊磕头之后，居然还剩几文，他也不再赎毡帽，统统喝了酒了。但赵家也并不烧香点烛，因为太太拜佛的时候可以用，留着了。那破布衫是大半做了少奶奶八月间生下来的孩子的衬尿布，那小半破烂的便都做了吴妈的鞋底。

Yī míngtiān yòng hóngzhú — yào yī jīn zhòng de — yīduì, xiāng yī fēng, dào Zhào fǔ shàng qù péi zuì.
Èr Zhào fǔ shàng qǐng dàoshì fúchú yìguǐ, fèiyòng yóu Ā Qiu fùdān.
Sān cóngcǐ bùzhǔn tà jìn Zhào fǔ de ménkǎn.
Sì Wú Mā cǐhòu tǎng yǒu bùcè, wéi Ā Qiu shì wèn.
Wǔ bùzhǔn zài qù suǒqǔ gōngqián hé bùshān.

Ā Qiu zìrán dōu dāying le, kěxī méiyǒu qián. Xìngér yǐjīng chūntiān, miánbèi kěyǐ wúyòng, biàn zhì le èrqiān dàqián, lǚxíng tiáoyuē. Chìbó kētóu zhīhòu, jūrán hái shèng jǐ wén, tā yě bù zài shú zhānmào, tǒngtǒng hē le jiǔ le. Dàn Zhào jiā yě bìng bù shāo xiāng diǎn zhú, yīnwèi tàitai bài fó deshíhòu kěyǐ yòng, liúzhe le. Nà pò bùshān shì dàbàn zuò le shàonǎinai bāyuè jiān shēng xiàlai de háizi de chènniàobù, nà xiǎobàn pòlàn de biàn dōu zuò le Wú Mā de xiédǐ.

1. Dès le lendemain, il devra aller présenter ses excuses chez les Zhao, avec une paire de bougies de cire rouge – celles d'une livre – et une enveloppe d'encens ;

2. Il devra rembourser les Zhao du coût de la cérémonie d'exorcisme par un maître taoïste qu'ils ont dû convoquer suite à la tentative de pendaison de la mère Wu ;

3. Il ne franchira plus jamais, par la suite, le seuil de la résidence des Zhao ;

4. S'il arrive quoi que ce soit par la suite à la mère Wu, lui seul sera à blâmer ;

5. Enfin il devra renoncer tant à ses gages qu'à son habit.

Ah Q, naturellement, est d'accord sur tout mais il y a un problème : il n'a pas d'argent. Heureusement, comme le printemps est là, il n'a plus l'usage de sa couverture de coton et peut en tirer la somme faramineuse de vingt mille sapèques. Cela suffit pour couvrir les frais occasionnés par le traité. Il lui reste même de la menue monnaie après qu'il a exécuté son kowtow. Plutôt que de récupérer son bonnet, il va claquer le tout à la taverne.

De leur côté, les Zhao n'utiliseront ni les bougies ni l'encens, mais les garderont de côté pour les futures dévotions au Bouddha de la maîtresse de maison. Les meilleurs morceaux de la chemise rapiécée serviront de couches pour le bébé que la jeune maîtresse mettra au monde au huitième mois, et la mère Wu se confectionnera de nouvelles semelles avec ce qui en restera.

1. Le rouge est la couleur la plus auspicieuse dans la tradition chinoise.
2. 缢鬼 : Désigne l'âme en peine d'un suicidé par pendaison ; le fait que la pauvre dame ne soit pas morte n'arrête pas les Zhao…
3. 惟⋯是问 est une expression qui vient de l'ancien chinois et signifie « porter l'entière responsabilité ».
4. 大钱 signifie « grosse somme d'argent », ou bien désigne une pièce de cuivre qui valait dix sapèques simples. Deux mille de ces pièces (soit la valeur de 20 000 sapèques) correspondent normalement à vingt taëls d'argent, soit environ 750 g, près de quatre cent euros au cours actuel. Il est donc peu probable que la couverture d'Ah Q ait réellement une telle valeur.

五

生计问题

阿 Q 礼毕之后，仍旧回到土谷祠，太阳下去了，渐渐觉得世上有些古怪。他仔细一想，终于省悟过来：其原因盖[1]在自己的赤膊。他记得破夹袄还在，便披在身上，躺倒了，待张开眼睛，原来太阳又已经照在西墙上头了。他坐起身，一面说道，"妈妈的……"

他起来之后，也仍旧在街上逛，虽然不比赤膊之有切肤之痛[2]，却又渐渐的觉得世上有些古怪了。仿佛从这一天起，未庄的女人们忽然都怕了羞，伊们一见阿 Q 走来，便个个躲进门里去。甚而至于将近五十岁的邹七嫂，也跟着别人乱钻，而且将十一岁[3]的女儿都叫进去了。阿 Q 很以为奇，而且想："这些东西[4]忽然都学起小姐模样来了。这娼妇们[5]……"

Wǔ

Shēngjì wèntí

Ā Qiu lǐ bì zhīhòu, réngjiù huídào Tǔgǔ cí, tàiyang xiàqù le, jiànjiàn juéde shì shàng yǒuxiē gǔguài. Tā zǐxì yī xiǎng, zhōngyú xǐngwù guòlai : qí yuányīn gài zài zìjǐ de chìbó. Tā jìde pò jiá'ǎo hái zài, biàn pī zài shēn shàng, tǎng dǎo le, dài zhāngkāi yǎnjing, yuánlái tàiyang yòu yǐjīng zhào zài xī qiáng shàngtou le. Tā zuò qǐshēn, yīmiàn shuō dào, "Māma de ..."

Tā qǐ lái zhīhòu yě réngjiù zài jiē shàng guàng, suīrán bù bǐ chìbó zhī yǒu qiè fū zhī tòng, què yòu jiànjiàn de juéde shìshàng yǒuxiē gǔguài le. Fǎngfú cóng zhè yītiān qǐ, Wèizhuāng de nǔren men hūrán dōu pà le xiū, yīmen yī jiàn Ā Qiu zǒu lái, biàn gègè duǒ jìn mén lǐ qù. Shèn ér zhìyú jiāngjìn wǔshí suì de Zōu qī sǎo, yě gēnzhe biéren luàn zuān, érqiě jiāng shíyī suì de nǔér dōu jiào jìnqù le. Ā Qiu hěn yǐwéi qí, érqiě xiǎng : "Zhè xiē dōngxi hūrán dōu xué qǐ xiǎojie múyàng lái le. Zhè chāngfùmen..."

Cinq

Questions de ressources.

APRÈS S'ÊTRE PROSTERNÉ comme il convenait, Ah Q s'en retourna, comme tous les jours, au Temple des dieux du sol et des céréales. Le soleil s'était couché et il commençait à trouver que le monde ne tournait pas rond. En y réfléchissant mieux, il finit par en trouver la raison probable : il était toujours torse nu ! Il se souvint alors qu'il avait encore quelque part une vieille tunique doublée, s'en couvrit les épaules et s'allongea. L'instant d'après, il ouvrait les yeux : le soleil brillait déjà sur le mur de l'ouest. Il s'assit et grommela : « Ah, foutre... »

Il se leva et sortit errer dans les rues, comme tous les jours. Et là encore, le sentiment l'envahit peu à peu que quelque chose ne tournait pas rond, une impression cependant moins aiguë que la veille au soir. Il lui sembla d'abord que la moitié féminine de la population de Weizhuang était brusquement devenue toute timide. Les femmes se précipitaient derrière l'huis quand elles le voyaient arriver. Même la septième belle-sœur Zou, qui approchait pourtant le demi-siècle, s'enfuit comme les autres à sa vue en rappelant sa fille de dix ans. Il trouvait cela bien étrange, et ne put qu'en conclure : « Toutes ces chiennes qui jouent les saintes-nitouches d'un seul coup... salopes ! »

1. 盖 dans ce contexte, est employé dans un sens adverbial ancien et rare : « à peu près, probablement » (synonyme de 大约, 大概).

2. 切肤之痛 *chengyu* peu fréquent : « douleur cruelle, blessure cuisante ».

3. Les Chinois ayant traditionnellement un an à la naissance, la gamine a en fait dix ans.

4. 东西 « chose », quand appliqué à des personnes, peut avoir deux sens opposés : soit extrêmement dépréciatif, soit affectueux ou amical...

5. 娼妇 : insulte courante dans la littérature qui a exactement les mêmes sens, restreints ou élargis, que l'équivalent français : « putes, salopes », etc.

但他更觉得世上有些古怪，却是许多日以后的事。其一，酒店不肯赊欠了；其二，管土谷祠的老头子说些废话，似乎叫他走；其三，他虽然记不清多少日，但确乎有许多日，没有一个人来叫他做短工。酒店不赊，熬着也罢了；老头子催他走，噜苏[1]一通也就算了；只是没有人来叫他做短工，却使阿Q肚子饿：这委实是一件非常"妈妈的"的事情。

阿Q忍不下去了，他只好到老主顾的家里去探问，——但独不许踏进赵府的门槛，——然而情形也异样：一定走出一个男人来，现了十分烦厌的相貌，像回复乞丐一般的摇手道：

"没有没有！你出去！"

阿Q愈觉得稀奇了。他想，这些人家向来少不了[3]要帮忙，不至于[4]现在忽然都无事，这总该有些蹊跷在里面了。他留心打听，才知道他们有事都去叫小Don[5]。这小D，是一个穷小子，又瘦又乏，在阿Q的眼睛里，位置是在王胡之下的，(…)

Dàn tā gèng juéde shìshàng yǒuxiē gǔguài, què shì xǔduō rì yǐhòu de shì. Qí yī, jiǔdiàn bù kěn shē qiàn le ; qí èr, guǎn Tǔgǔ cí de lǎo tóuzi shuō xiē fèihuà, sìhū jiào tā zǒu ; qí sān, tā suīrán jì bù qīng duōshao rì, dàn quèhū yǒu xǔduō rì, méiyǒu yīgè rén lái jiào tā zuò duǎngōng. Jiǔdiàn bù shē, áozhe yě bà le ; lǎo tóuzi cuī tā zǒu, lūsū yī tòng yě jiùsuàn le. Zhǐshì méiyǒu rén lái jiào tā zuò duǎngōng, què shǐ Ā Qiu dùzi è : zhè wěishí shì yī jiàn fēicháng "māma de" de shìqing.

Ā Qiu rěn bù xià qù le, tā zhǐhǎo dào lǎo zhǔgù de jiā ǐ qù tàn wèn, — dàn dú bùxǔ tà jìn Zhào fǔ de ménkǎn — ránér qíngxing yě yìyàng : yīdìng zǒuchū yīgè nánrén lái, xiàn le shífēn fányàn de xiàngmào, xiàng huífù qǐgài yībān de yáo shǒu dào :

"Méiyǒu méiyǒu ! Nǐ chūqù !"

Ā Qiu yù juéde xīqí le. Tā xiǎng, zhèxiē rénjia xiànglái shǎo bù liǎo yào bāngmáng, bùzhìyú xiànzài hūrán dōu wú shì, zhè zǒng gāi yǒuxiē xīqiāo zài lǐmiàn le. Tā liúxīn dǎtīng, cái zhīdào tāmen yǒu shì dōu qù jiào Xiǎo Don. Zhè Xiǎo Di, shì yīgè qióng xiǎozi, yòu shòu yòu fá, zài Ā Qiu de yǎnjing lǐ, wèizhi shì zài Wáng Hú zhīxià de, (...)

Mais un bon nombre de jours s'écoulèrent avant que son impression se précisât – et se traduisît dans les faits. Le tavernier refusa de lui faire crédit ; suivi du vieux birbe responsable du temple, qui proféra quelques insanités revenant apparemment à ordonner à Ah Q de prendre la porte ; et surtout, Ah Q réalisa que plus personne ne lui avait confié de travail depuis… depuis quand ? Il n'en était pas très sûr, mais ça commençait à faire longuet. Il pouvait se passer d'une ardoise au bistro, quant au vieillard, il arriverait bien à l'embobiner. Mais pas de travail voulait dire : rien à croquer. Et ça, c'était vraiment une « foutue » panade.

Quand Ah Q n'en put plus, il dut se résoudre à aller s'enquérir auprès de ses anciens employeurs – à l'exception des Zhao. Mais partout, à sa stupéfaction, l'un des hommes de la maison sortait et agitait la main en affichant un air suprêmement las, comme s'il répondait pour la *énième* fois à un mendiant : « Rien ! on n'a rien pour toi ! va-t'en ! »

Ah Q trouvait cela de plus en plus mystérieux. Se pouvait-il que tous ces gens qui n'avaient jamais pu se passer d'un coup de main n'aient maintenant plus rien à lui demander ? Il y avait anguille sous roche. Il poursuivit ses investigations : il apprit enfin qu'en cas de besoin, on faisait désormais appel à un dénommé Petit Don. Or ce « Petit D » était un miséreux malingre qui valait encore moins que Wang le Barbu aux yeux d'Ah Q. (…)

---

1. 噜苏: dialectal : « noyer quelqu'un sous un flot de paroles »

2. 委实 : « tout à fait, vraiment » (synonyme de 实在)

3. 少不了 : « ne pouvoir se passer de ; inévitable, indispensable ».

4. 不至于: « peu probable ; invraisemblable ; ne pas être au point de, ne pas aller jusqu'à ».

5. « Petit Don », plus loin « Petit D » : Lu Xun a expliqué dans un article de magazine qu'il a donné à ce personnage ce nom en lettres latines exactement pour les mêmes raisons qu'il a affublé son héros d'un « Q ». Ce « Don » correspondrait au nom chinois 同 *tóng*.

(⋯)谁料这小子竟谋了他的饭碗去。所以阿 Q 这一气，更与平常不同，当气愤愤的走着的时候，忽然将手一扬，唱道：

"我手执钢鞭将你打！……"[1]

几天之后，他竟在钱府的照壁[2]前遇见了小 D。"仇人相见分外眼明"[3]，阿 Q 便迎上去，小 D 也站住了。

"畜生！"阿 Q 怒目而视的说，嘴角上飞出唾沫来。

"我是虫豸，好么？……"小 D 说。

这谦逊反使阿 Q 更加愤怒起来，但他手里没有钢鞭，于是只得扑上去，伸手去拔小 D 的辫子。小 D 一手护住了自己的辫根，一手也来拔阿 Q 的辫子，阿 Q 便也将空着的一只手护住了自己的辫根。从先前的阿 Q 看来，小 D 本来是不足齿数[4]的，但他近来挨了饿，又瘦又乏已经不下于小 D，所以便成了势均力敌[5]的现象，

(...) shéi liào zhè xiǎozi jìng móu le tā de fànwǎn qù. Suǒyǐ Ā Qiu zhè yī qì, gèng yú píngcháng bùtóng, dāng qìfènfèn de zǒuzhe de shíhòu, hūrán jiāng shǒu yī yáng, chàng dào :

"Wǒ shǒu zhí gāngbiān jiāng nǐ dǎ ! "

Jǐtiān zhīhòu, tā jìng zài Qián fǔ de zhàobì qián yùjiàn le Xiǎo Di. "Chóurén xiāng jiàn fèn wài yǎn míng", Ā Qiu biàn yíng shàng qù, Xiǎo Di yě zhànzhù le.

"Chùsheng !" Ā Qiu nùmù ér shì de shuō, zuǐ jiǎo shàng fēi chū tuòmo lái.

"Wǒ shì chóngzhì, hǎo ma ? ..." Xiǎo Di shuō.

Zhè qiānxùn fǎn shǐ Ā Qiu gèngjiā fènnù qǐlái, dàn tā shǒulǐ méiyǒu gāngbiān, yúshì zhǐdé pū shàngqù, shēnshǒu qù bá Xiǎo Di de biànzi. Xiǎo Di yīshǒu hù zhù le zìjǐ de biàngēn, yīshǒu yě lái bá Ā Qiu de biànzi, Ā Qiu biàn yě jiāng kōngzhe de yī zhī shǒu hù zhù le zìjǐ de biàngēn. Cóng xiānqián de Ā Qiu kànlai, Xiǎo Di běnlái shì bùzú-chǐshǔ de, dàn tā jìnlái āi le è, yòu shòu yòu fá yǐjīng bùxiàyú Xiǎo Di, suǒyǐ biàn chéng le shìjūn-lìdí de xiànxiàng, (...)

(…) Ce dernier n'eût jamais cru possible qu'un tel minable vînt lui barboter son bol de riz sous le nez. Sa colère fut à la mesure de cet affront : hors du commun. Il marchait, rempli de rage, et agitait le poing en chantant quelques extraits du répertoire classique :

« Je brandis mon fouet d'acier, tu vas déguster !... »

Quelques jours plus tard, il tomba sur Petit D devant le mur des esprits qui protégeait l'entrée de la résidence des Qian. « Quand deux ennemis se font face, les étincelles volent... »

Ah Q s'avance. Petit D lui tient tête.

« Sale bête ! » Ah Q accompagne l'insulte de son regard furibond et d'un glaviot bien senti. Petit D cède.

« Une sale bête ? Je suis une vermine... ça te va ? »

Mais cette humilité ne suffit pas à calmer Ah Q. Celui-ci n'a pas de fouet d'acier à la main et se contente de se jeter sur son adversaire et de lui empoigner sa natte. Petit D, d'une main, se tient la base de la natte, et de l'autre tente de rendre la pareille à Ah Q. Lequel est bien forcé d'employer sa main libre pour se défendre lui aussi. Dans son souvenir, Petit D est un adversaire insignifiant, mais Ah Q a souffert de la faim ces derniers temps et est au moins aussi malingre que l'autre. C'est donc un combat remarquablement équilibré. (…)

---

1. Il s'agit d'un chant extrait d'une pièce de théâtre qui se jouait dans la région de Shaoxing au début du siècle dernier : *Le combat du Tigre et du Dragon.* Voir note 2 page 85.

2. Mur des Esprits : 照壁 ou 影壁. Mur qui pouvait se trouver devant ou derrière la porte d'une résidence, servant « d'écran » contre les mauvais esprits, et accessoirement d'élément décoratif.

3. Cette expression vient du roman *Au bord de l'eau* (68ᵉ chapitre).

4. 不足齿数 : forme plus rare d'un autre *chengyu,* 不足挂齿 : « dérisoire, insignifiant ». Ici, le caractère 齿 ne signifie pas « dent », mais « mentionner, évoquer » (sens rare).

5. 势均力敌 : *chengyu* peu fréquent : « de force égale ».

（…）四只手拔着两颗头，都弯了腰，在钱家粉墙上映出一个蓝色的虹形，至于半点钟之久了。

"好了，好了！"看的人们说，大约是解劝的。

"好，好！"看的人们说，不知道是解劝，是颂扬，还是煽动。

然而他们都不听。阿Q进三步，小D便退三步，都站着；小D进三步，阿Q便退三步，又都站着。大约半点钟，——未庄少有自鸣钟[1]，所以很难说，或者二十分，——他们的头发里便都冒烟，额上便都流汗，阿Q的手放松了，在同一瞬间，小D的手也正放松了，同时直起，同时退开，都挤出人丛去。

"记着罢，妈妈的……"阿Q回过头去说。

"妈妈的，记着罢……"小D也回过头来说。

这一场"龙虎斗"[2]似乎并无胜败，也不知道看的人可满足，都没有发什么议论，而阿Q却仍然没有人来叫他做短工。

(...) sì zhī shǒu bázhe liǎng kē tóu, dōu wān le yāo, zài Qián jiā fěn qiáng shàng yìngchū yī gè lánsè de hóng xíng, zhìyú bàndiǎn zhōng zhī jiǔ le.

"Hǎo le, hǎo le !" Kàn de rénmen shuō, dàyuē shì jiěquàn de.

"Hǎo, hǎo !" Kàn de rénmen shuō, bù zhīdào shì jiěquàn, shì sòngyáng, háishi shāndòng.

Ránér tāmen dōu bù tìng. Ā Qiu jìn sān bù, Xiǎo Di biàn tuì sān bù, dōu zhànzhe ; Xiǎo Di jìn sān bù, Ā Qiu biàn tuì sān bù, yòu dōu zhànzhe. Dàyuē bàndiǎn zhōng, — Wèizhuāng shǎo yǒu zìmíngzhōng, suǒyǐ hěn nán shuō, huòzhě èrshí fēn, — tāmen de tóufa lǐ biàn dōu màoyān, é shàng biàn dōu liú hàn, Ā Qiu de shǒu fàngsōng le, zài tóngyī shùnjiān, Xiǎo Di de shǒu yě zhèng fàngsōng le, tóngshí zhí qǐ, tóngshí tuì kāi, dōu jǐ chū réncóng qù.

"Jìzhe ba, māma de ..." Ā Qiu huí guò tóu qù shuō.

"Māma de, jìzhe ba ..." Xiǎo Di yě huí guò tóu láis huō.

Zhè yī chǎng "lónghǔ dòu" sìhū bìng wú shèngbài, yě bù zhīdào kàn de rén kě mǎnzú, dōu méiyǒu fā shénme yìlùn, ér Ā Qiu què réngrán méiyǒurén lái jiào tā zuò duǎngōng.

(...) Leurs quatre mains s'empoignent mutuellement la tête, la taille courbée, ils projettent sur le mur des Qian, blanchi à la chaux, une ombre bleutée en forme d'arc-en-ciel. Leur lutte se prolonge ainsi près d'une demi-heure.

« Ça va comme ça ! » s'écrient les spectateurs. « C'est bon ! C'est bon ! » Il est difficile de savoir si leur intention est de calmer les combattants, de les féliciter de leurs prouesses ou de les exciter pour rehausser l'intérêt du spectacle.

Mais les lutteurs ne les entendent pas. Quand Ah Q avance de trois pas, Petit D recule d'autant. Puis ils s'arrêtent. Petit D lance la contre-offensive et avance de trois pas. Ah Q recule… et ils s'arrêtent. Au bout d'une demi-heure – mais il est difficile d'en être sûr, car les horloges sont rares à Weizhuang, c'est peut-être seulement vingt minutes – de la vapeur leur monte du crâne, de la sueur leur coule dans les yeux, et Ah Q relâche sa prise à l'instant où Petit D relâche la sienne. Ils se relèvent d'un seul mouvement et battent en retraite en s'extrayant de la foule.

« Que cela te serve de leçon... Putain d'ta mère ! dit Ah Q en jetant un dernier regard à son adversaire.

— Putain d'ta mère ! ... Que cela te serve de leçon ! » lui répond Petit D en lui rendant son regard.

Ce « combat du Tigre et du Dragon » semble s'être terminé par un match nul dont on ne sait s'il a comblé les attentes du public : personne n'émettra d'opinion là-dessus par la suite.

Et personne non plus ne proposera du travail à Ah Q.

---

1. 自鸣钟 : ce terme désigne les horloges dotées d'un mécanisme d'ori-gine occidentale, lesquelles étaient connues en Chine depuis la dynastie des Ming.

2. La pièce relate une bataille (sans vérité historique) entre le fondateur des Song et l'un de ses plus vaillants généraux, Huyan Zan (呼延赞). Celui-ci, dans les récits semi-légendaires qui suivirent sa mort, maniait non pas un, mais deux « fouets d'acier », ces armes traditionnelles qui étaient en fait des barres d'acier dotées d'une poignée, et diversement ouvragées.

有一日很温和，微风拂拂的颇有些夏意了，阿 Q 却觉得寒冷起来，但这还可担当，第一倒是肚子饿。棉被，毡帽，布衫，早已没有了，其次就卖了棉袄[1]；现在有裤子，却万不可脱的；有破夹袄，又除了送人做鞋底之外，决定卖不出钱。他早想在路上拾得一注钱，但至今还没有见；他想在自己的破屋里忽然寻到一注钱，慌张的四顾，但屋内是空虚而且了然。于是他决计出门求食去了。

他在路上走着要"求食"[2]，看见熟识的酒店，看见熟识的馒头，但他都走过了，不但没有暂停，而且并不想要。他所求的不是这类东西了；他求的是什么东西，他自己不知道。

未庄本不是大村镇，不多时便走尽了。村外多是水田，满眼是新秧的嫩绿，夹着几个圆形的活动的黑点，便是耕田的农夫。阿 Q 并不赏鉴这田家乐，却只是走，因为他直觉的知道这与他的"求食"之道是很辽远的。(…)

Yǒu yī rì hěn wēnhuo, wēifēng fúfú de pō yǒuxiē xià yì le, Ā Qiu què juéde hánlěng qǐlái, dàn zhè hái kě dāndāng, dìyī dào shì dùzi è. Miánbèi, zhānmào, bùshān, zǎoyǐ méiyǒu le, qícì jiù mài le mián'ǎo ; xiànzài yǒu kùzi, què wàn bù kě tuō de ; yǒu pò jiá'ǎo, yòu chúle sòngrén zuò xiédǐ zhīwài, juédìng mài bù chūqián. Tā zǎo xiǎng zài lùshang shí dé yī zhù qián, dàn zhìjīn hái méiyǒu jiàn ; tā xiǎng zài zìjǐ de pòwū lǐ hūrán xún dào yī zhù qián, huāngzhāng de sì gù, dàn wū nèi shì kōngxū érqiě le rán. Yúshì tā jué jì chūmén qiúshí qù le.

Tā zài lùshang zǒuzhe yāo "qiúshí", kànjiàn shúshi de jiǔdiàn, kànjiàn shúshi de mántou, dàn tā dōu zǒu guò le, bùdàn méiyǒu zàntíng, érqiě bìng bù xiǎng yào. Tā suǒ qiú de bù shì zhèlèi dōngxi le. Tā qiú de shì shénme dōngxi, tā zìjǐ bù zhīdào.

Wèizhuāng běn bù shì dà cūnzhèn, bù duō shí biàn zǒu jìn le. Cūn wài duō shì shuǐtián, mǎnyǎn shì xīn yāng de nèn lǜ, jiāzhe jǐge yuán xíng de huódòng de hēi diǎn, biàn shì gēng tián de nóngfū. Ā Qiu bìng bù shǎngjiàn zhè tiánjiā lè, què zhǐshì zǒu, yīnwèi tā zhíjué de zhīdào zhè yǔ tā de "qiúshí" zhī dào shì hěn liáoyuǎn de. (...)

Un jour où pourtant une très douce brise soufflait en portant comme un espoir d'été, Ah Q se sentit glacé. Il pouvait le supporter – plus aisément que de supporter son estomac vide. La couverture de coton, le bonnet de feutre, la chemise de toile, tout avait disparu... il avait dû vendre aussi une veste ouatée. Il ne lui restait plus qu'un pantalon, dont il ne pouvait tout de même pas se priver, et sa vieille tunique doublée dont il ne tirerait pas un « patard » s'il tentait de la vendre ; il aurait au mieux pu l'offrir pour en faire des semelles. Il caressait depuis toujours l'espoir de trouver quelques sous sur le bord de la route, mais ça ne lui était encore jamais arrivé. Il lui vint soudain à l'idée qu'il pourrait en dénicher quelques-uns dans son propre pauvre logis, et se mit à fureter dans tous les coins avant de renoncer.

Il dut se décider à sortir pour quémander à manger.

Il marche au hasard des rues, souhaitant « quémander », et aperçoit la taverne si familière, où il voit exposés les petits pains tout aussi familiers. Mais il passe sans s'arrêter. Ce n'est pas cela qu'il veut ; et d'ailleurs, ce qu'il veut, il n'en sait rien lui-même.

Weizhuang n'est pas un gros bourg et bientôt il l'a parcouru en entier. Au-delà des dernières maisons s'é-tendent à perte de vue les rizières, couleur vert tendre des jeunes pousses. Quelques taches plus sombres se meuvent : ce sont les paysans au travail. Ah Q continue sa marche sans jouir de ce tableau champêtre, dont il a le sentiment très vif qu'il ne lui sera d'aucune aide dans sa quête. (...)

---

1. Première et dernière fois que cet habit apparaît dans l'ouvrage, peut-être une erreur de l'auteur, qui dans la ligne d'après cite la 夹袄 dont il a déjà été question plus haut. Les 棉袄 sont des vestes molletonnées de coton, les 夹袄 sont des vestes de coton doublées... Les deux termes sont souvent employés l'un pour l'autre.

2. Expression tirée d'un *chengyu* rare, 摇尾求食 : un tigre enfermé dans une cage agite la queue pour supplier qu'on le nourisse. L'image est employée pour désigner la mendicité forcée des misérables.

（…）但他终于走到静修庵的墙外了。

庵周围也是水田，粉墙突出在新绿里，后面的低土墙里是菜园。阿 Q 迟疑了一会，四面一看，并没有人。他便爬上这矮墙去，扯着何首乌藤[1]，但泥土仍然簌簌的掉，阿 Q 的脚也索索的抖；终于攀着桑树枝，跳到里面了。里面真是郁郁葱葱，但似乎并没有黄酒馒头，以及此外可吃的之类。靠西墙是竹丛，下面许多笋，只可惜都是并未煮熟的，还有油菜早经结子，芥菜已将开花，小白菜[2]也很老了。

阿 Q 仿佛文童落第[3]似的觉得很冤屈，他慢慢走近园门去，忽而非常惊喜了，这分明是一畦[4]老萝卜。他于是蹲下便拔，而门口突然伸出一个很圆的头来，又即缩回去了，这分明是小尼姑。

(...) Dàn tā zhōngyú zǒu dào Jìngxiū ān de qiáng wài le.

Ān zhōuwéi yě shì shuǐtián, fěnqiáng tūchū zài xīn lǜ lǐ, hòumian de dī tǔqiáng lǐ shì càiyuán. Ā Qiu chíyí le yī huì, sì miàn yī kàn, bìng méi yǒu rén. Tā biàn pá shàng zhè ǎi qiáng qù, chězhe hé shǒu wūténg, dàn nítǔ réngrán sùsù de, Ā Qiu de jiǎo yě suǒsuǒ de dǒu ; zhōngyú pānzhe sāngshù zhī, tiào dào lǐmiàn le. Lǐmiàn zhēnshi yùyù-cōngcōng, dàn sìhū bìng méi yǒu huángjiǔ mántou, yǐjí cǐwài kě chī de zhī lèi. Kào xī qiáng shì zhúcóng, xiàmian xǔduō sǔn, zhǐ kěxī dōu shì bìng wèi zhǔshóu de, háiyǒu yóucài zǎo jīng jié zǐ, jiècài yǐ jiàng kāihuā, xiǎo báicài yě hěn lǎo le.

Ā Qiu fǎngfú wéntóng luòdì shìde juéde hěn yuānqū, tā mànmàn zǒu jìn yuánmén qù, hū'ér fēicháng jīngxǐ le, zhè fēnmíng shì yī qí lǎo luóbo. Tā yúshì dūn xià biàn bá, ér ménkǒu tūrán shēnchū yīgè hěn yuán de tóu lái, yòu jí suō huíqu le, zhè fēnmíng shì xiǎo nígū.

---

1. Il est difficile de dire de quelle plante il s'agit exactement. Le 乌藤, ou 藤杖, désigne normalement la plante *Uvaria tonkinensis subglabra*, mais cette plante sub-tropicale n'est pas présente à l'état naturel à la latitude de Shaoxing. Il pourrait s'agir sinon d'un nom dialectal pour d'autres plantes, comme le 藤萝 « wisteria (ou glycine) de Chine » (plus probable car plante grimpante), ou de la « renouée du Japon » (虎杖, *polygonum cuspidatum*, plante invasive très vivace, également présente en Chine).

(...) Il finit par arriver sous les murs du couvent de la Calme Pratique.

Le couvent semble jaillir du vert des rizières qui le cernent. À l'arrière, un mur d'argile plus bas clôture un potager. Ah Q hésite un moment, regarde tout autour de lui : personne. Il se lance à l'assaut du mur en s'agrippant à la glycine. Mais l'argile s'effrite en bruissant et ses pieds tremblent sans parvenir à prendre appui. Il peut se saisir d'une branche de mûrier et se hisse pour enfin sauter à l'intérieur. Le potager est particulièrement verdoyant, mais dépourvu de quoi que ce soit d'immédiatement comestible, comme du vin ou des petits pains à la vapeur. Le long du mur de l'ouest se dresse un bosquet de bambou : dommage que les pousses demandent d'abord à être cuites ! Il y a aussi du colza qui a porté ses fruits, de la moutarde sur le point de fleurir et du bok choy flétri.

Ah Q trouve ses efforts bien mal récompensés, comme un candidat qui vient de rater le premier niveau des examens mandarinaux. Il furète lentement dans le potager et a enfin une agréable surprise : il est tombé sur un vaste plant de vieux navets. À peine s'est-il accroupi pour se servir que la porte du jardinet s'entrebâille pour laisser passer une tête toute ronde, qui se replie aussitôt ; c'est la petite nonne, sans aucun doute possible.

---

2. Le *bok choy* (prononciation cantonaise approximative de 白菜), est une variété de chou chinois, mais ne doit pas être confondu avec son cousin effectivement connu à l'étranger sous le nom de « chou chinois », le (大)白菜 « grand légume blanc ».

3. Le caractère 第 peut signifier « niveau » dans la hiérarchie des examens mandarinaux ; il s'agit ici forcément du premier niveau, en raison de l'allusion aux 文童 (voir la note 1 page 29).

4. 畦 *qí* ce caractère désigne de façon précise une partie d'un champ ou d'une rizière entourée de levées de terre, d'une superficie de 50 畝 *mǔ*, soit un peu plus de trois hectares ; soit de façon plus générale, une petite surface plantée, sens qu'il faut adopter ici (on se trouve dans un potager).

小尼姑之流是阿 Q 本来视若<u>草芥</u>[1]的，但世事须"退一步想"，所以他便赶紧拔起四个萝卜，拧下青叶，兜在大襟里。然而老尼姑已经出来了。

"<u>阿弥陀佛</u>[2]，阿 Q，你怎么跳进园里来偷萝卜！……阿呀，罪过呵，阿唷，阿弥陀佛！……"

"我什么时候跳进你的园里来偷萝卜？"阿 Q 且看且走的说。

"现在……这不是？"老尼姑指着他的衣兜。

"这是你的？你能叫得他答应你么？你……"

阿 Q 没有说完话，拔步便跑；追来的是一匹很肥大的黑狗。这本来在前门的，不知怎的到后园来了。

黑狗哼而且追，已经要咬着阿 Q 的腿，幸而从衣兜里落下一个萝卜来，那狗给一吓，略略一停，阿 Q 已经爬上桑树，跨到土墙，连人和萝卜都滚出墙外面了。只剩着黑狗还在对着桑树嗥，老尼姑念着佛。

Xiǎo nígū zhī liú shì Ā Qiu běnlái shì ruò cǎo jiè de, dàn shìshì "xū tuì yībù xiǎng", suǒyǐ tā biàn gǎnjǐn bá qǐ sì gè luóbo, nǐng xià qīngyè, dōu zài dà jīn lǐ. Ránér lǎo nígū yǐjīng chulai le.

"Ēmítuó Fó, Ā Qiu, nǐ zěnme tiàojìn yuán lǐ lái tōu luóbo !... Āya, zuì guò ā, āyo, Ēmítuó Fó !... "

"Wǒ shénme shíhou tiàojìn nǐ de yuán lǐ lái tōu luóbo ?" Ā Qiu qiě kàn qiě zǒu de shuō.

"Xiànzài... zhè bùshì ?" Lǎo nígū zhǐzhe tā de yī dōu.

"Zhè shì nǐ de ? Nǐ néng jiào dé tā dāying nǐ ma ? Nǐ..."

Ā Qiu méiyǒu shuō wán huà, bábù biàn pǎo ; zhuī lái de shì yī pǐ hěn féidà de hēi gǒu. Zhè běnlái zài qiánmén de, bù zhī zěn de dào hòuyuán le.

Hēi gǒu hēng érqiě zhuī, yǐjīng yào yǎo zhe Ā Qiu de tuǐ, xìngér cóng yīdōu lǐ luòxià yīgè luóbo lái, nà gǒu gěi yī xià, lüèlüè yī tíng, Ā Qiu yǐjīng pá shàng sāngshù, kuà dào tǔqiáng, lián rén hé luóbo dōu gǔn chū qiáng wàimian le. Zhǐ shèng zhe hēi gǒu hái zài duìzhe sāngshù háo, lǎo nígū niànzhe Fó.

Certes, Ah Q s'est toujours fait une loi de les ignorer, elle et ses semblables, mais les circonstances exigent de « prendre du recul ». Il déterre à toute vitesse quatre navets et les fourre dans sa tunique après en avoir arraché les feuilles. Juste à temps, car une vieille bonzesse apparaît.

« Par le Bouddha Amitabha, Ah Q, ne serais-tu pas rentré dans le jardin pour nous voler nos navets ?... Aya, c'est péché ! Aya ayo, par le Bouddha...

— Moi ? Voler vos navets ? Quand ça ? contre Ah Q qui s'éloigne tout en la gardant à l'œil.

— En ce moment, tiens ! Qu'est-ce que c'est que ça ? dit-elle en pointant son habit du doigt.

— C'est les vôtres ? Vous avez qu'à les appeler, voir s'ils répondent ! Vous... »

Il doit prendre ses jambes à son cou avant même d'avoir fini de protester. À ses trousses galope un énorme chien noir. Un chien qui garde normalement l'entrée du couvent... comment donc est-il arrivé au potager ?

Le chien noir poursuit Ah Q en grondant et va lui mordre le mollet quand, par bonheur, un navet tombe de la chemise d'Ah Q. L'animal, surpris, stoppe net. Ah Q est déjà sur le mûrier. Il enjambe le mur de terre et dégringole, avec ses navets restants, de l'autre côté. La vieille nonne continue à invoquer le Bouddha Amitabha, et le chien reste en arrêt au pied de l'arbre.

1. 视若草芥 « (considérer comme un) fétu de paille, insignifiant, sans aucune valeur ». Une autre forme de ce *chengyu* est 视如草芥.

2. L'un des Bouddha les plus importants en Chine et au Japon (où il est nommé Amida), également appelé « le Bouddha des Bouddhas ». Le culte d'Amitabha a donné naissance à l'école du bouddhisme de la Terre Pure, qui s'est développée surtout à partir des Ve et VIe siècles en Chine.

阿 Q 怕尼姑又放出黑狗来，拾起萝卜便走，沿路又捡了几块小石头，但黑狗却并不再现。阿 Q 于是抛了石块，一面走一面吃，而且想道，这里也没有什么东西寻，不如进城去……

待三个萝卜吃完时，他已经打定了进城的主意了。

Ā Qiu pà nígū yòu fàngchū hēi gǒu lái, shí qǐ luóbo biàn zǒu, yánlù yòu jiǎn le jǐ kuài xiǎo shítou, dàn hēi gǒu què bìng bù zài xiàn. Ā Qiu yúshì pāo le shíkuài, yīmiàn zǒu yīmiàn chī, érqiě xiǎngdào, zhèlǐ yě méi yǒu shénme dōngxi xún, bùrú jìn chéng qù...

Dài sān gè luóbo chīwán shí, tā yǐjīng dǎdìng le jìn chéng de zhǔyi.

Ah Q, craignant que les nonnes ne lancent le dogue à sa poursuite, récupère son butin et reprend sa route. Il s'arme de quelques cailloux ramassés au bord du chemin : précaution inutile, le chien ne réapparaît pas. Ah Q jette ses cailloux et mange en marchant. Il pense qu'il n'y a plus rien pour lui dans le coin, et qu'il est peut-être temps pour lui de se rendre à la ville...

Quand il a fini ses trois navets, sa décision est prise.

六

从中兴到末路

在未庄再看见阿 Q 出现的时候，是刚过了这年的中秋。人们都惊异，说是阿 Q 回来了，于是又回上去想道，他先前那里去了呢？阿 Q 前几回的上城，大抵早就兴高采烈的对人说，但这一次却并不，所以也没有一个人留心到。他或者也曾告诉过管土谷祠的老头子，然而未庄老例，只有赵太爷钱太爷和秀才大爷上城才算一件事。假洋鬼子尚且不足数，何况是阿 Q：因此老头子也就不替他宣传，而未庄的社会上也就无从[1]知道了。

但阿 Q 这回的回来，却与先前大不同，确乎很值得惊异。天色将黑，他睡眼蒙胧的在酒店门前出现了，他走近柜台，从腰间伸出手来，满把是银的和铜的，在柜上一扔说，（…）

Liù

Cóng zhōngxīng dào mòlù.

Zài Wèizhuāng zài kànjiàn Ā Qiu chūxiàn de shíhòu, shì gāng guò le zhè nián de zhōngqiū. Rénmen dōu jīngyì, shuō shì Ā Qiu huílai le, yúshì yòu huí shàng qù xiǎng dào, tā xiānqián nàli qù le ne ? Ā Qiu qián jǐ huí de shàng chéng, dà dǐ zǎo jiù xìnggāo-cǎiliè de duì rén shuō, dàn zhè yīcì què bìng bù, suǒyǐ yě méiyǒu yīgè rén liúxīn dào. Tā huòzhě yě céng gàosu guò guǎn Tǔgǔ cí de lǎo tóuzi, ránér Wèizhuāng lǎo lì, zhǐyǒu Zhào tàiyé Qián tàiyé hé xiùcái dàye shàng chéng cái suàn yī jiàn shì. Jiǎ yáng-guǐzi shàngqiě bùzú shù, hékuàng shì Ā Qiu : yīncǐ lǎo tóuzi yě jiù bù tì tā xuānchuán, ér Wèizhuāng de shèhuì shàng yě jiù wúcóng zhīdào le.

Dàn Ā Qiu zhè huí de huílai, què yǔ xiānqián dà bùtóng, quèhū hěn zhíde jīngyì. Tiānsè jiāng hēi, tā shuìyǎn méng lóng de zài jiǔdiàn mén qián chūxiàn le, tā zǒu jìn guìtái, cóng yāo jiān shēnchū shǒu lái, mǎn bǎ shì yín de hé tóng de, zài guì shàng yī rēng shuō,

Six

Grandeur et décadence

WEIZHUANG NE VIT AH Q resurgir que juste après le festival de la mi-automne. Les gens furent si étonnés de son retour qu'ils en vinrent à se demander où il avait bien pu aller. Quand, jadis, il se rendait en ville – ça lui était arrivé à plusieurs reprises – il ne se privait pas d'en informer ses concitoyens avec grand plaisir, mais cette fois-ci il s'était esbigné en douce et personne n'avait rien remarqué. Peut-être, après tout, en avait-il parlé au vieux du Temple, mais il était de tradition à Weizhuang de ne s'intéresser qu'aux déplacements en ville de MM. Zhao et Qian et du Bachelier. Même les agissements du faux diable blanc ne méritaient pas une telle attention… que dire alors de ceux d'Ah Q ? Le gérant du Temple n'avait eu aucune raison de répandre la nouvelle, ce qui faisait que dans la petite communauté de Weizhuang, personne d'autre n'était au courant.

Le retour d'Ah Q cette fois-ci ne ressembla pas non plus à ceux d'avant, et valut vraiment qu'on s'en ébahisse. Le ciel s'assombrissait déjà quand il se pointa à la porte de la taverne, les yeux ensommeillés. Il s'avança, une main à la taille, et la leva au-dessus du comptoir. Elle se révéla pleine de pièces de cuivre et d'argent qu'il jeta sur le bois en criant : (…)

---

1. 无从 : « ne pas avoir le moyen de, ne pas être en mesure/en position de ».

(…)"现钱！打酒来！"穿的是新夹袄，看去腰间还挂着一个大搭连，<u>沉钿钿</u>[1] 的将裤带坠成了很弯很弯的弧线。未庄老例，看见略有些醒目的人物，是与其慢也宁敬[2]的，现在虽然明知道是阿Q，但因为和破夹袄的阿Q有些两样了，古人云，"<u>士别三日便当刮目相待</u>"[3]，所以堂倌，掌柜，酒客，路人，便自然显出一种凝而且敬的形态来。掌柜既先之以点头，又继之以谈话：

"<u>豁</u>[4]，阿Q，你回来了！"

"回来了。"

"发财发财，你是——在……"

"上城去了！"

这一件新闻，第二天便传遍了全未庄。人人都愿意知道现钱和新夹袄的阿Q的中兴史，所以在酒店里，茶馆里，庙檐下，便渐渐的探听出来了。这结果，是阿Q得了新敬畏。

"Xiànqián ! Dǎ jiǔ lái !" Chuān de shì xīn jiá'ǎo, kàn qù yāojiān hái guà zhe yīgè dà dālián, chéndiàndiàn de jiāng kùdài zhuì chéng le hěn wān hěn wān de húxiàn. Wèizhuāng lǎolì, kànjiàn lüè yǒuxiē xǐngmù de rénwù, shì yǔ qí màn yě nìng jìng de, xiànzài suīrán míng zhīdào shì Ā Qiu, dàn yīnwèi hé pò jiá'ǎo de Ā Qiu yǒuxiē liǎng yàng le, gǔrén yún, "shì bié sān rì biàn dāng guāmù xiāngdài", suǒyǐ tángguān, zhǎngguì, jiǔ kè, lùrén, biàn zìrán xiǎn chū yī zhǒng níng érqiě jìng de xíngtài lái. Zhǎngguì jì xiān zhī yǐ diǎn tóu, yòu jì zhī yǐ tánhuà :

"Huò, Ā Qiu, nǐ huílai le !

"Huílai le."

"Fācái fācái, nǐ shì — zài ..."

"Shàng chéng qù le !"

Zhè yī jiàn xīnwén, dìèr tiān biàn chuánbiàn le quán Wèizhuāng. Rén rén dōu yuànyì zhīdào xiànqián hé xīn jiá'ǎo de Ā Qiu de zhōng xīng shǐ, suǒyǐ zài jiǔdiàn lǐ, cháguǎn lǐ, miàoyán xià, biàn jiànjiàn de tàn tīng chu-lai le. Zhè jiéguǒ, shì Ā Qiu dé le xīn jìngwèi.

1. Une forme ABB parmi les plus courantes (voir note 3 page 44).

(…) « V'là l'pognon ! Fais péter l'pinard ! » Il portait une veste doublée neuve qui laissait voir une bourse encore bien grasse, si lourde que sa ceinture en prenait la forme d'une corde d'arc bien tendue. Une autre tradition de Weizhuang voulait que dans le doute, on traitât avec un certain respect les individus qui sortaient du lot ; certes, tout le monde voyait que c'était Ah Q qui était là, mais c'était un Ah Q bien différent du Ah Q guenilleux qu'on connaissait. Les Anciens ne disent-ils pas : « Un lettré qui a été absent trois jours doit être regardé d'un autre œil » ? En conséquence les serveurs, le tavernier, les clients et les passants affichèrent d'instinct une attitude sobrement déférente. Le gérant prit l'initiative de le saluer d'un hochement de tête, puis engagea la conversation :

« Tiens ? Ah Q ! Te revoilà !

— Ouais.

— Dis donc, les affaires ont bien marché, à... en...

— En ville ! »

Dès le lendemain, l'événement était commenté dans tout Weizhuang. Les gens se pressaient pour connaître l'histoire de la nouvelle fortune d'Ah Q, de ses espèces sonnantes et trébuchantes et de sa veste doublée neuve. À la taverne, au salon de thé, sous les auvents des temples, chacun tentait d'en savoir plus.

Le résultat fut un regain de respect général pour Ah Q.

2. 慢也宁敬 : Expression qui signifie qu'il est de bon aloi de témoigner de respect envers les gens *a priori.* Dans cette phrase, 慢 ne signifie pas « lent », mais remplace 轻慢 qui veut dire « mépriser, humilier ».

3. La forme normale du proverbe est 士别三日， 刮目相待 souvent abrégé en 刮目相待 qui a valeur de *chengyu* : « voir d'un autre œil, sous un jour nouveau ». L'origine de cette expression se trouve dans le 三国志, la *Chronique des Trois Royaumes* (c'est à dire la chronique historique officielle à ne pas confondre avec le roman classique).

4. 豁 : Ce caractère est ici utilisé détourné par l'auteur (d'aucuns diraient de façon fautive : il n'est normalement pas une interjection). Dans certaines éditions de Ah Q, il est remplacé par le caractère 嚄, lequel, prononcé indifféremment *huō*, *huò* ou *ŏ*, sert dans tous les cas à exprimer la surprise, l'étonnement (on pourrait arguer que le ton utilisé permet d'exprimer les nuances de vigueur).

　　据阿Q说，他是在举人老爷家里帮忙。这一节，听的人都肃然了。这老爷本姓白，但因为合城里只有他一个举人，所以不必再冠姓，说起举人来就是他。这也不独在未庄是如此，便是一百里方圆之内也都如此，人们几乎多以为他的姓名就叫举人老爷的了。在这人的府上帮忙，那当然是可敬的。但据阿Q又说，他却不高兴再帮忙了，因为这举人老爷实在太"妈妈的"了。这一节，听的人都叹息而且快意，因为阿Q本不配在举人老爷家里帮忙，而不帮忙是可惜的。

　　据阿Q说，他的回来，似乎也由于不满意城里人，这就在他们将长凳称为条凳，而且煎鱼用葱丝，加以最近观察所得的缺点，是女人的走路也扭得不很好。然而也偶有大可佩服的地方，即如未庄的乡下人不过打<u>三十二张的竹牌</u>[1]，(…)

Jù Ā Qiu shuō, tā shì zài jǔrén lǎoye jiā lǐ bāngmáng. Zhè yī jié, tīng de rén dōu sùrán le. Zhè lǎoye běn xìng Bái, dàn yīnwèi hé chéng lǐ zhǐ yǒu tā yīgè jǔrén, suǒyǐ bù bì zài guānxìng, shuō qǐ jǔrén lái jiù shì tā. Zhè yě bù dú zài Wèizhuāng shì rúcǐ, biàn shì yībǎi lǐ fāngyuán zhī nèi yě dōu rúcǐ, rénmen jīhū duō yǐwéi tā de xìngmíng jiù jiào jǔrén lǎoye de le. Zài zhè rén de fǔ shàng bāngmáng, nà dāngrán shì kějìng de. Dàn jù Ā Qiu yòu shuō, tā què bù gāoxìng zài bāngmáng le, yīnwèi zhè jǔrén lǎoye shízài tài "māma de" le. Zhè yī jié, tīng de rén dōu tànxī érqiě kuài yì, yīnwèi Ā Qiu běn bù pèi zài jǔrén lǎoye jiā lǐ bāngmáng, ér bù bāngmáng shì kěxī de.

Jù Ā Qiu shuō, tā de huílai, sìhū yě yóuyú bù mǎnyì chéng lǐ rén, zhè jiù zài tāmen jiāng chángdèng chēng wèi tiáodèng, érqiě jiānyú yòng cōngsī, jiāyǐ zuìjìn guānchá suǒdé de quēdiǎn, shì nǚren de zǒu lù yě niǔ de bù hěn hǎo. Ránér yě ǒu yǒu dà kě pèifú de dìfang, jí rú Wèizhuāng de xiāngxia rén bùguò dǎ sānshí'èr zhāng de zhú pái, (…)

L'intéressé lui-même déclarait qu'il n'avait rien fait de plus que de donner un coup de main chez Monsieur le Licencié. Ses auditeurs en restaient pétrifiés. Ce Monsieur était un dénommé Pai, le seul licencié de toute la ville. Il n'était nul besoin de l'évoquer par son nom : dès qu'on parlait d'un lauréat des examens provinciaux, on savait qu'il s'agissait de lui. Sa renommée ne se limitait pas à Weizhuang : elle s'étendait dans un rayon de cent lis autour de la ville, à tel point qu'on en venait à croire que Licencié et Monsieur étaient ses nom et prénom. Être en position de servir un individu si éminent méritait bien évidemment le respect. Mais, toujours d'après Ah Q, il n'avait pas été satisfait de son sort car le Licencié en question n'était en réalité qu'un enfoiré de première. À ces mots, ses auditeurs avaient poussé un soupir de regret teinté de satisfaction : Ah Q, décidément, prouvait une fois de plus qu'il n'était pas digne de servir le Licencié, mais quand même, renoncer à une telle place était bien dommage...

La raison pour laquelle Ah Q était revenu de la ville semblait être son insatisfaction générale vis-à-vis de ses habitants. Car non seulement ils appelaient leurs bancs des escabeaux, non seulement ils hachaient menu leur ciboule, mais encore Ah Q avait-il noté une dérive récente : leurs femmes ne remuaient plus correctement du popotin quand elles marchaient dans la rue. Ceci dit, les citadins avaient malgré tout quelques bons côtés, dignes d'admiration. Par exemple, alors que les ploucs de Wei-zhuang ne savaient jouer qu'aux dominos à trente-deux tuiles de bambou, (...)

---

1. Le jeu à 32 tuiles, ici en bambou (les modèles plus luxueux sont en bois, en corne, en os voire en ivoire), ressemble physiquement au jeu de dominos occidental, mais les règles en sont très différentes puisqu'il s'agit d'un jeu de combinaison comme le mah-jong (qui compte 128 tuiles) ou comme certains jeux de cartes du type « rami ».

（……）只有假洋鬼子能够叉[1]"麻酱"[2]，城里却连小乌龟子[3]都叉得精熟的。什么假洋鬼子，只要放在城里的十几岁的小乌龟子的手里，也就立刻是"小鬼见阎王"[4]。这一节，听的人都赧然了。

"你们可看见过杀头么？"阿Q说，"咳，好看。杀革命党。唉，好看好看，……"他摇摇头，将唾沫飞在正对面的赵司晨的脸上。这一节，听的人都凛然了。但阿Q又四面一看，忽然扬起右手，照着伸长脖子听得出神的王胡的后项窝上直劈下去道：

"嚓！"

王胡惊得一跳，同时电光石火[5]似的赶快缩了头，而听的人又都悚然而且欣然了。从此王胡瘟头瘟脑的许多日，并且再不敢走近阿Q的身边；别的人也一样。

阿Q这时在未庄人眼睛里的地位，虽不敢说超过赵太爷，但谓之差不多，大约也就没有什么语病的了。

(...) zhǐyǒu jiǎ yángguǐzi nénggòu chā májiàng, chéng lǐ què lián xiǎo wūguǐzi dōu chā de jīngshú de. Shénme jiǎ yángguǐzi, zhǐyào fàng zài chéng lǐ de shí jǐ suì de xiǎo wūguǐzi de shǒulǐ, yě jiù lìkè shì "xiǎoguǐ jiàn Yánwáng". Zhè yī jié, tīng de rén dōu nǎnrán le.

"Nǐmen kě kànjiàn guò shā tóu ma ?" Ā Qiu shuō, "hāi, hǎokàn. Shā gémìng dǎng. Āi, hǎokàn hǎokàn, ..." Tā yáo yáo tóu, jiāng tuòmo fēi zài zhèng duìmiàn de Zhào Sīchén de liǎn shàng. Zhè yī jié, tīng de rén dōu lǐnrán le. Dàn Ā Qiu yòu sìmiàn yī kàn, hūrán yáng qǐ yòushǒu, zhàozhe shēn cháng bózi tīng dé chūshén de Wáng Hú de hòuxiàng wō shàng zhí pī xiàqù dào : "Chā !"

Wáng Hú jīng de yī tiào, tóngshí diànguāng-shíhuǒ shìde gǎnkuài suō le tóu, ér tīng de rén yòu dōu sǒngrán érqiě xīnrán le. Cóngcǐ Wáng Hú wēntóu-wēnnǎo de xǔduō rì, bìngqiě zài bù gǎn zǒu jìn Ā Qiu de shēnbiān ; biéde rén yě yīyàng.

Ā Qiu zhè shí zài Wèizhuāng rén yǎnjing lǐ de dìwèi, suī bù gǎn shuō chāoguò Zhào tàiyé, dàn wèi zhī chàbuduō, dàyuē yě jiù méi yǒu shénme yǔbìng de le.

---

1. le verbe 叉, pour « jouer (au mahjong) » est une utilisation ancienne qui n'a plus cours aujourd'hui en mandarin mais subsiste en dialecte. Les divers sens du caractère ne permettent d'ailleurs pas d'expliquer cet usage.

(…) à la ville le moindre gavroche au pedigree douteux excellait au « mage rond » – qu'au village seul le faux diable blanc pratiquait. Et ce dernier, aussi diable et aussi blanc fût-il, aurait été mis en pièces par n'importe lequel de ces délinquants juvéniles. À ces mots d'Ah Q, ses auditeurs affectèrent un certain embarras.

« Vous avez déjà assisté à une exécution publique ? enchaînait Ah Q. Ah là là, c'que c'est beau… la mort d'un révolutionnaire. C'est beau, c'est beau ! »

Il secoua la tête et ses postillons volèrent jusqu'au visage de Zhao Sichen, assis en face de lui. Ses auditeurs adoptèrent alors l'attitude déférente appropriée à l'évo-cation de la fin d'un fauteur de troubles. Ah Q balaya du regard l'assemblée, leva soudain la main droite et en abattit le tranchant sur la nuque tendue de Wang-le-barbu, qui était, comme les autres, captivé par le récit. « SCHLAK ! »

Wang le barbu en sauta au plafond et rentra la tête dans les épaules avec une fulgurante rapidité. Les autres auditeurs savourèrent comme il se doit leur petit moment de frayeur. Wang, quant à lui, passa les jours suivants dans un état proche de l'hébétude et n'osa plus approcher Ah Q. Et il n'était pas le seul.

Dès lors, aux yeux des habitants de Weizhuang, Ah Q occupa une position fort éminente – pas aussi éminente, bien sûr, que celle de M. Zhao, mais on ne se tromperait pas de beaucoup en disant qu'elle n'en était pas loin.

---

2. Il s'agit d'une erreur de Ah Q qui confond 麻将, le jeu de mah-jong, et 麻酱, la sauce au sésame (les deux mots se prononcent de façon identique en mandarin : *májiàng*). Jeu de mots dont la traduction exige l'adaptation.

3. « Fils de tortue » : voir la note 1 page 70 ; on est bien là dans une insulte que comprend et pratique Ah Q, contrairement au 王八蛋 du bachelier. Cette insulte peut en plus avoir une connotation d'inceste.

4. Allusion au folklore chinois : les 小鬼 sont les démons mineurs, qui selon la légende sont fréquemment (et sévèrement) châtiés de leurs initiatives malheureuses par leur chef 阎王, c'est à dire Yama, le Roi des Enfers bouddhistes. Il existe un proverbe 阎王好见, 小鬼难当, qu'on peut traduire plus ou moins par « Il vaut mieux s'adresser à Dieu qu'à ses saints ».

5. 电光石火 : *chengyu* « rapide comme l'éclair ».

　然而不多久，这阿 Q 的大名忽又传遍了未庄的闺中。虽然未庄只有钱赵两姓是大屋，此外十之九都是浅闺[1]，但闺中究竟是闺中，所以也算得一件神异。女人们见面时一定说，邹七嫂在阿 Q 那里买了一条蓝绸裙，旧固然是旧的，但只化[2]了九角钱。还有赵白眼的母亲，——一说是赵司晨的母亲，待考，——也买了一件孩子穿的大红洋纱[3]衫，七成新，只用三百大钱九二串[4]。(…)

　于是伊们都眼巴巴[5]的想见阿 Q，缺绸裙的想问他买绸裙，要洋纱衫的想问他买洋纱衫，不但见了不逃避，有时阿 Q 已经走过了，也还要追上去叫住他，问道：

　"阿 Q，你还有绸裙么？没有？纱衫也要的，有罢？"

Ránér bù duō jiǔ, zhè Ā Qiu de dàmíng hū yòu chuánbiàn le Wèizhuāng de guī zhōng. Suīrán Wèizhuāng zhǐ yǒu Qián Zhào liǎng xìng shì dà wū, cǐwài shí zhī jiǔ dōu shì qiǎnguī, dàn guī zhōng jiūjìng shì guī zhōng, suǒyǐ yě suàn de yī jiàn shényì. Nǚrenmen jiànmiàn shí yīdìng shuō, Zōu qīsǎo zài Ā Qiu nàli mǎi le yī tiáo lán chóuqún, jiù gùrán shì jiù de, dàn zhǐ huā le jiǔ jiǎo qián. Háiyǒu Zhào Báiyǎn de mǔqīn, — yī shuō shì Zhào Sīchén de mǔqīn, dài kǎo, — mǎi le yī jiàn háizi chuān de dà hóng yángshā shān, qī chéng xīn, zhǐ yòng sān bǎi dàqián jiǔ'èr chuàn.

Yúshì yīmen dōu yǎnbābā de xiǎng jiàn Ā Qiu, quē chóuqún de xiǎng wèn tā mǎi chóuqún, yào yángshā shān de xiǎng wèn tā mǎi yángshā shān, bùdàn jiàn le bù táobì, yǒu shí Ā Qiu yǐjīng zǒu guò le, yě hái yào zhuī shàng qù jiào zhù tā, wèn dào :

"Nǐ háiyǒu chóuqún ma ? Méiyǒu ? Shā shān yě yào de, yǒu ba ?"

1. Le terme de 浅闺 n'existe pas en chinois : c'est un néologisme de Lu Xun, par opposition au terme (réel) 深闺 « boudoir (profond) », qui désigne en effet les pièces réservées aux dames de la haute société. Là encore, un jeu de mot qui perd forcément de son intérêt à la traduction.

2. 化 : ce caractère peut parfois, comme ici, être employé à la place du caractère 花 dans le sens de « dépenser ».

Il était donc logique que sa nouvelle réputation s'étendît jusqu'aux boudoirs des dames du village. En fait, il n'y avait à Weizhuang que deux grandes résidences dotées d'appartements réservés aux femmes : celle des Zhao et celle des Qian. Le reste, neuf fois sur dix, en fait de « boudoirs » c'étaient plutôt des « couloirs ». Toujours était-il que c'était là que les femmes se réunissaient, le terme conviendra donc. Qu'on y parle d'Ah Q relevait du miracle. Mme Zou lui aurait acheté une jupe de soie bleue, certes d'occasion, mais à seulement neuf *jiao* – à peine une pièce d'argent. La mère de Zhao Baiyan – à moins que ce ne fût celle de Zhao Sichen, comme une autre le prétendait (on restait en attente de confirmation) – lui aurait aussi acheté une chemise d'enfant presque neuve, rouge vif, en mousseline importée d'Occident. Et ce, avec huit pour cent de réduction sur un prix de trois mille sapèques.

Fortes de ces informations, les femmes partaient donc anxieusement à la recherche d'Ah Q. Il s'agissait, pour celles qui en manquaient, de savoir s'il avait encore des jupes de soie ou des chemises en mousseline d'impor-tation à vendre. Non seulement elles ne l'évitaient plus comme jadis, mais quand il passait, elles se lançaient à sa poursuite, l'arrêtaient et lui demandaient :

« Ah Q, as-tu encore une jupe de soie ? Non ? Je cherchais aussi une chemise de mousseline, peut-être que... ? »

3. Désigne le tissu de mousseline, fabriqué en France, importé en Chine à partir de la fin du XIXe siècle comme d'autres tissus occidentaux.

4. Les sapèques étaient enfilées sur un fil pour former de plus grosses sommes. Pour former une « ligature » (贯 guan) – valant traditionnelle-ment un taël d'argent –, il fallait au début du XXe siècle mille sapèques simples « 铜钱 », ou cent « 大钱 ». Mais en réalité les ligatures étaient rarement complètes, les changeurs et d'autres intermédiaires prélevant une commission. Une 大钱九二串 était donc une ligature de 92 pièces au lieu de cent, chaque pièce valant dix sapèques.

5. 眼巴巴 expression ABB parmi les plus fréquentes, deux sens différents : « impatiemment, anxieusement » ou « passivement, sans rien pouvoir y faire ».

后来这终于从浅闺传进深闺里去了。因为邹七嫂得意之余，将伊的绸裙请赵太太去鉴赏，赵太太又告诉了赵太爷而且着实恭维了一番。赵太爷便在晚饭桌上，和秀才大爷讨论，以为阿 Q 实在有些古怪，我们门窗应该小心些；但他的东西，不知道可还有什么可买，也许有点好东西罢。加以赵太太也正想买一件价廉物美[1]的皮[2]背心。于是家族决议，便托邹七嫂即刻去寻阿 Q，而且为此新辟了第三种的例外：这晚上也姑且[3]特准点油灯。

油灯干了不少了，阿 Q 还不到。赵府的全眷都很焦急，打着呵欠，或恨阿 Q 太飘忽，或怨邹七嫂不上紧。赵太太还怕他因为春天的条件不敢来，而赵太爷以为不足虑：因为这是"我"去叫他的。果然，到底赵太爷有见识，阿 Q 终于跟着邹七嫂进来了。

"他只说没有没有，我说你自己当面说去，他还要说，我说……"邹七嫂气喘吁吁的走着说。

Hòulái zhè zhōngyú cóng qiǎnguī chuán jìn shēnguī lǐ qù le. Yīnwèi Zōu qīsǎo déyì zhī yú, jiāng yī de chóuqún qǐng Zhào tàitai qù jiànshǎng, Zhào tàitai yòu gàosu le Zhào tàiyé érqiě zhuóshí gōngwei le yī fān. Zhào tàiyé biàn zài wǎnfàn zhuō shàng, hé xiùcái dàye tǎolùn, yǐwéi Ā Qiu shízài yǒuxiē gǔguài, wǒmen ménchuāng yīnggāi xiǎoxīn xiē ; dàn tā de dōngxi, bù zhīdào kě háiyǒu shénme kě mǎi, yěxǔ yǒu diǎn hǎo dōngxi ba. Jiāyǐ Zhào tàitai yě zhèng xiǎng mǎi yī jiàn jiàlián-wùměi de pí bèixīn. Yúshì jiāzú juéyì, biàn tuō Zōu qīsǎo jíkè qù xún Ā Qiu, érqiě wèicǐ xīn pì le dì sān zhǒng de lìwài : zhè wǎnshang yě gūqiě tèzhǔn diǎn yóudēng.

Yóudēng gān le bùshǎo le, Ā Qiu hái bù dào. Zhào fǔ de quán juàn dōu hěn jiāojí, dázhe hēqiàn, huò hèn Ā Qiu tài piāohū, huò yuàn Zōu qīsǎo bù shàng jǐn. Zhào tàitai hái pà tā yīnwèi chūntiān de tiáojiàn bù gǎn lái, ér Zhào tàiyé yǐwéi bù zú lǜ : yīnwèi zhè shì "wǒ" qù jiào tā de. Guǒrán, dàodǐ Zhào tàiyé yǒu jiànshi, Ā Qiu zhōngyú gēnzhe Zōu qīsǎo jìnlái le.

"Tā zhǐ shuì méiyǒu méiyǒu, wǒ shuō nǐ zìjǐ dāngmiàn shuō qù, tā hái yào shuō, wǒ shuō..." Qīsǎo qìchuǎn xūxū de zǒu zhe shuō.

Des logis les plus pauvres, la nouvelle finit par arriver aux plus riches des boudoirs du village. La septième belle-sœur Zou était si satisfaite de sa jupe qu'elle alla la montrer à Mme Zhao pour recueillir son approbation. Puis Mme Zhao en parla à son mari sur un ton des plus flatteurs. Le soir, au dîner, M. Zhao aborda la question avec son fils, le Bachelier. Ce dernier était d'opinion que la soudaine richesse d'Ah Q était quelque peu suspecte et que la famille Zhao ferait bien de prendre ses précautions. Ce qui n'empêchait pas d'aller voir s'il avait quelque chose qui valait la peine d'être acheté. D'autant moins que justement, Mme Zhao se cherchait un gilet en fourrure de bonne qualité à bon prix. Une décision familiale fut alors prise. Mme Zou irait immédiatement chercher Ah Q, et à cette occasion on créerait un troisième type d'exception : ce soir-là, on permettrait – provisoirement – d'allumer une lampe après dîner.

La lampe avait brûlé plusieurs doses d'huile et Ah Q n'avait toujours pas fait son apparition. Dans la résidence des Zhao, tout le monde était sur les nerfs et bâillait à qui mieux mieux. Cet Ah Q n'était décidément pas sérieux, râlait-on – à moins que ce ne soit Mme Zou qui fut trop lente ? Mme Zhao émit l'idée que l'incriminé pût avoir peur de venir, après ce qui s'était passé le printemps d'avant. Mais M. Zhao balaya cette opinion : car n'était-ce pas lui-même qui l'avait convoqué ? Enfin, Ah Q se présenta, à la remorque de Mme Zou ; le patriarche, une fois de plus, avait vu juste.

« Il n'arrête pas de dire qu'il n'a plus rien, je lui ai dit de venir vous le dire en personne, il a continué à dire que... je lui ai dit que... dit Mme Zou, tout essoufflée, sans attendre d'être assise.

---

1. 件价廉物 *chengyu* assez explicite : « prix bas, belle marchandise ».

2. 皮 peut signifier « cuir » ou « fourrure » ; associé avec le gilet (背心), dans le contexte de l'époque et pour une femme, il s'agit plutôt de fourrure.

3. 姑且 : « provisoirement, pour le moment, temporairement ».

“太爷！”阿 Q 似笑非笑的叫了一声，在檐下站住了。

“阿 Q，听说你在外面发财，”赵太爷踱开去，眼睛打量着他的全身，一面说。“那很好，那很好的。这个，……听说你有些旧东西，……可以都拿来看一看，……这也并不是别的，因为我倒要……”

“我对邹七嫂说过了。都完了。”

“完了？”赵太爷不觉失声的说，“那里会完得这样快呢？”

“那是朋友的，本来不多。他们买了些，……”

“总该还有一点罢。”

“现在，只剩了一张门幕了。”

“就拿门幕来看看罢。”赵太太慌忙说。

“那么，明天拿来就是，”赵太爷却不甚热心了。“阿 Q，你以后有什么东西的时候，你尽先[1]送来给我们看，……”

“价钱决不会比别家出得少！”秀才说。秀才娘子忙一瞥阿 Q 的脸，看他感动了没有。

"Tàiyé !" Ā Qiu sìxiào-fēixiào de jiào le yī shēng, zài yán xià zhànzhù le.

"Ā Qiu, tīngshuō nǐ zàiwài miàn fācái", Zhào tàiyé duó kāi qù, yǎnjing dǎliang zhe tā de quán shēn, yīmiàn shuō. "Nà hěnhǎo, nà hěnhǎo de. Zhèige,... tīngshuō nǐ yǒu xiē jiù dōngxi,... kěyǐ dōu ná lái kànyīkàn,... zhè yě bìng bù shì biéde, yīnwèi wǒ dào yào..."

"Wǒ duì Zōu qīsǎo shuōguò le. Dōu wán le.

"Wán le ?" Zhào tàiyé bùjué shī shēng de shuō, "nǎli huì wán de zhèyàng kuài ne ?"

"Nà shì péngyou de, běnlái bù duō. Tāmen mǎi le xiē,..."

"Zǒng gāi háiyǒu yīdiǎn ba."

"Xiànzài, zhǐ shèng le yī zhāng ménmù le."

"Jiù ná ménmù lái kànkàn ba." Zhào tàitai huāngmáng shuō.

"Nàme, míngtiān ná lái jiùshì, " zhào tàiyé què bù shèn rèxīn le."Ā Qiu, nǐ yǐhòu yǒu shénme dōngxi de shíhòu, nǐ jǐnxiān sòng lái gěi wǒmen kàn,..."

"Jiàqian juébù huì bǐ bié jiā chū de shǎo !" xiùcái shuō. Xiùcái niángzi máng yīpiē Ā Qiu de liǎn, kàn tā gǎndòng le méiyǒu.

« — M'sieur Zhao ! salua Ah Q, mi-figue mi-raisin, sans oser franchir le seuil.

— Eh bien, Ah Q, il paraît que tu as fait fortune ? demanda M. Zhao en s'approchant lentement, l'examinant de pied en cap. Eh bien tant mieux, tant mieux... nous avons entendu dire que tu as quelques vieilleries à proposer... pourquoi ne nous les montrerais-tu pas ? Ce n'est pas qu'on y tienne tant que ça, mais on voulait...

— J'ai déjà dit à Ma'ame Zou que tout était parti.

— Tout est parti ? M. Zhao ne put dissimuler sa déception. Tout est parti si vite ?

— C'était à un copain, y'en avait pas beaucoup. On m'en a acheté pas mal...

— Allons, il doit bien t'en rester un peu !

— Là, y m'reste un rideau de porte.

— Amène-le nous bien vite, hein ! intervint Mme Zhao.

— Oui bon, demain ça suffira, dit M. Zhao d'un ton qui se voulait froid. Ah Q, la prochaine fois que tu as quelque chose à vendre, tu dois venir nous le montrer, avant toute chose...

— Tu seras sûrement bien mieux payé ici qu'ailleurs ! » dit le bachelier.

Sa femme scrutait le visage d'Ah Q pour s'assurer de l'impact de cette affirmation.

---

1. 尽先 : « en priorité, avant tout ».

“我要一件皮背心。”赵太太说。

阿 Q 虽然答应着，却懒洋洋[1]的出去了，也不知道他是否放在心上。这使赵太爷很失望，气愤而且担心，至于停止了打呵欠。秀才对于阿 Q 的态度也很不平，于是说，这忘八蛋要提防，或者不如吩咐地保，不许他住在未庄。但赵太爷以为不然，说这也怕要结怨，况且做这路生意的大概是“老鹰不吃窝下食”[2]，本村倒不必担心的；只要自己夜里警醒点就是了。秀才听了这“庭训”，非常之以为然，便即刻撤消了驱逐阿 Q 的提议，而且叮嘱邹七嫂，请伊千万不要向人提起这一段话。

但第二日，邹七嫂便将那蓝裙去染了皂，又将阿 Q 可疑之点传扬出去了，可是确没有提起秀才要驱逐他这一节。然而这已经于阿 Q 很不利。最先，地保寻上门了，取了他的门幕去，阿 Q 说是赵太太要看的，而地保也不还并且要议定每月的孝敬钱[3]。

"Wǒ yào yī jiàn pí bèixīn." Zhào tàitai shuō.

Ā Qiu suīrán dāyingzhe, què lǎnyāngyāng de chūqù le, yě bù zhīdào tā shìfǒu fàng zài xīn shàng. Zhè shǐ Zhào tàiyé hěn shīwàng, qìfèn érqiě dānxīn, zhìyú tíngzhǐ le hēqiàn. Xiùcái duìyú Ā Qiu de tàidu yě hěn bù píng, yúshì shuō, zhè wàngbādàn yào tífáng, huòzhě bùrú fēnfù dìbǎo, bù xǔ tā zhù zài Wèizhuāng. Dàn Zhào tàiyé yǐwéi bùrán, shuō zhè yě pà yào jiéyuàn, kuàngqiě zuò zhè lù shēngyi de dàgài shì "lǎoyīng bù chī wō xià shí", běn cūn dào bùbì dānxīn de ; zhǐyào zìjǐ yè lǐ jǐngxǐng diǎn jiùshì le. Xiùcái tīng le zhè "tíngxùn", fēicháng zhī yǐwéirán, biàn jíkè chèxiāo le qūzhú Ā Qiu de tíyì, érqiě dīngzhǔ Zōu qīsǎo, qǐng yī qiānwàn bù yào xiàng rén tíqǐ zhè yī duàn huà.

Dàn dì èr rì, Zōu qīsǎo biàn jiāng nà lán qún qù rǎn le zào, yòu jiāng Ā Qiu kěyí zhī diǎn chuán yáng chūqù le, kěshì què méiyǒu tíqǐ xiùcái yào qūzhú tā zhè yī jié. Ránér zhè yǐjīng yú Ā Qiu hěn bùlì. Zuìxiān, dìbǎo xún shàngmén le, qǔ le tā de ménmù qù, Ā Qiu shuō shì Zhào tàitai yào kàn de, ér dìbǎo yě bù huán bìngqiě yào yìdìng měi yuè de xiàojìng qián.

---

1. 懒洋洋 : autre expression ABB très fréquente : « paresseux, nonchalant ».

« Je veux un gilet de fourrure », dit Mme Zhao.

Ah Q donna son accord, mais il prit congé de façon si cavalière qu'il était difficile de dire s'il avait vraiment pris note. M. Zhao en fut si frustré, furieux et fiévreux tout à la fois qu'il en oublia soudain de bâiller. Le Bachelier s'inquiéta d'une telle insolence : il faut se garder de ce bâtard... Pourquoi ne pas ordonner au policier de lui interdire de revenir résider à Weizhuang ? suggéra-t-il. M. Zhao senior ne fut pas de cet avis : il craignait que cela ne fît qu'attiser le ressentiment d'Ah Q. Et puis « l'aigle ne chasse pas sous son nid » : le village ne risquait probablement pas d'être victime des nouveaux talents d'Ah Q, il n'était pas besoin de s'en inquiéter. Il suffisait de prendre un peu plus de précautions la nuit... Le Bachelier se rendit à la raison de ces instructions paternelles, retira ses propres arguments en faveur d'un éloignement d'Ah Q, et exhorta Mme Zou à ne rien dévoiler à qui que ce fût de ce qu'elle venait d'entendre.

Mais dès le lendemain, Mme Zou la Septième portait sa jupe chez le teinturier (elle la préférait en noir) et en profitait pour ébruiter les divers points suspects de la conduite d'Ah Q. Elle tut cependant la proposition du bachelier de le bannir du village. Même ainsi, cela ne fit évidemment pas les affaires d'Ah Q. Pour commencer, le policier se montra à sa porte et lui confisqua son rideau de porte. Ah Q eut beau dire que Mme Zhao voulait le voir, non seulement le policier ne le lui rendit pas, mais en sus il exigea d'Ah Q une contribution mensuelle comme prix de son silence.

---

2. « L'aigle ne mange (ne chasse) pas à proximité de son nid » : un proverbe dont il n'existe pas d'équivalent exact en français, qui signifie qu'un criminel évite en général d'opérer dans son voisinage ou dans son entourage immédiat.

3. 孝敬 : signifie « piété filiale » ou « offrir des présents à ses aînés ou à ses supérieurs en signe de respect ». Le terme vient des *Entretiens de Confucius*. Cependant, un sens plus rare est celui de « pot-de-vin » ou de « tribut » offert pour s'attirer la protection ou le soutien d'un puissant.

其次，是村人对于他的敬畏忽而变相了，虽然还不敢来放肆，却很有远避的神情，而这神情和先前的防他来"嚓"的时候又不同，颇混着"敬而远之"[1] 的分子了。

只有一班闲人们却还要寻根究底的去探阿 Q 的底细。阿 Q 也并不讳饰，傲然的说出他的经验来。从此他们才知道，他不过是一个小脚色，不但不能上墙，并且不能进洞，只站在洞外接东西。有一夜，他刚才接到一个包，正手 [2] 再进去，不一会，只听得里面大嚷起来，他便赶紧跑，连夜爬出城，逃回未庄来了，从此不敢再去做。

然而这故事却于阿 Q 更不利，村人对于阿 Q 的"敬而远之"者，本因为怕结怨，谁料他不过是一个不敢再偷的偷儿呢？这实在是"斯亦不足畏也矣"[3]。

Qícì, shì cūnrén duìyú tā de jìng wèi hū ér biànxiàng le, suīrán hái bù gǎn lái fàngsì, què hěn yǒu yuǎnbì de shénqíng, ér zhè shénqíng hé xiānqián de fáng tā lái "chā" de shíhòu yòu bùtóng, pō hùnzhe jìngéryuǎnzhī de fēnzǐ le.

Zhǐyǒu yī bān xiánrénmen què hái yào xúngēn-jiūdǐ de qù tàn Ā Qiu de dǐxì. Ā Qiu yě bìng bù huìshì, àorán de shuōchū tā de jīngyàn lái. Cóngcǐ tāmen cái zhīdào, tā bùguò shì yīgè xiǎo jiǎosè, bùdàn bùnéng shàng qiáng, bìngqiě bùnéng jìn dòng, zhǐ zhàn zài dòng wài jiē dōngxī. Yǒu yī yè, tā gāngcái jiēdào yīgè bāo, zhèngshǒu zài jìnqù, bù yīhuì, zhǐ tīng dé lǐmiàn dà rǎng qǐlái, tā biàn gǎnjǐn pǎo, liányè pá chū chéng, táo huí Wèizhuāng lái le, cóngcǐ bù gǎn zài qù zuò.

Ránér zhè gùshi què yú Ā Qiu gèng bùlì, cūnrén duìyú Ā Qiu de jìngéryuǎnzhī zhě, běn yīnwèi pà jiéyuàn, shéi liào tā bùguò shì yīgè bù gǎn zài tōu de tōur ne ? Zhè shízài shì "sī yì bùzú wèi yě yǐ".

Ensuite, le respect dont les villageois témoignaient changea soudain de mode d'expression : on n'osait toujours pas le maltraiter, mais on se tenait à carreau. Et on ne se tenait pas à carreau de la même façon que quand on craignait son « Schlak ! » ; il s'y mêlait désormais une sorte de déférence superstitieuse.

Quelques curieux oisifs voulurent aller au fond des choses et interrogèrent Ah Q. Celui-ci ne se fit pas prier et leur déballa fièrement toute la vérité. Il n'y avait pourtant pas vraiment de quoi se vanter – cela, ils le comprirent très vite. Ah Q ne pouvait ni grimper aux murs, ni passer dessous : son rôle se limitait à rester dehors pour récupérer le butin. Un soir, alors qu'il venait de recevoir un ballot et que le monte-en-l'air était reparti à l'intérieur, il avait entendu de grands cris et s'était cara-paté sans demander son reste. La nuit même il avait quitté la ville en douce pour revenir à Weizhuang. Et il n'avait pas l'intention de reprendre du service.

D'avoir raconté son histoire causa du tort à Ah Q. La « déférence superstitieuse » dont les gens du village faisaient preuve, c'était bien sûr la crainte qu'il ne s'en prît à eux. Mais il s'avérait qu'il n'était qu'un simple voleur qui n'osait plus voler... En vérité, il ne méritait plus ni d'être craint, ni d'être respecté.

---

1. 敬而远之 : là encore une expression à valeur de *chengyu* qui trouve sa source dans les *Entretiens* de Confucius. Si le *chengyu* signifie simplement aujourd'hui « garder une distance respectueuse », la phrase complète à l'origine est : « [la sagesse] c'est rendre aux hommes leur dû en toute justice, et honorer esprits et démons tout en les tenant à distance ». *(Chap. 6, « Des disciples », p. 59 dans la traduction d'Anne Cheng).*

2. 正手 : Celui qui, dans une action de tout type, tient le rôle principal.

3. Encore un extrait des *Entretiens (chapitre 9, « De la mission céleste »)* : « Ce n'est que s'il a atteint l'âge de quarante ou cinquante ans sans avoir rien fait de valable qu'un homme ne mérite plus d'être respecté » *(trad. A. Cheng).*

七

革命

宣统三年九月十四日 [1]——即阿 Q 将搭连卖给赵白眼的这一天——三更四点 [2]，有一只大乌篷船 [3] 到了赵府上的河埠头。这船从黑魆魆中荡来，乡下人睡得熟，都没有知道；出去时将近黎明，却很有几个看见的了。据探头探脑的调查来的结果，知道那竟是举人老爷的船！

那船便将大不安载给了未庄，不到正午，全村的人心就很动摇。船的使命，赵家本来是很秘密的，但茶坊酒肆 [4] 里却都说，革命党要进城，举人老爷到我们乡下来逃难了。

Qī

Gémìng

Xuāntǒng sān nián jiǔ yuè shísì rì — jí Ā Qiu jiāng dā lián mài gěi Zhào Báiyǎn de zhè yītiān — sān gēng sì diǎn, yǒu yī zhī dà wūpéngchuán dào le Zhào fǔ shàng de hé bùtóu. Zhè chuán cóng hēixùxù zhōng dàng lái, xiāngxia rén shuì de shú, dōu méiyǒu zhīdào ; chūqù shí jiāngjìn límíng, què hěn yǒu jǐge kànjiàn de le. Jù tàntóu-tànnǎo de diàochá lái de jiéguǒ, zhīdào nà jìng shì jǔrén lǎoye de chuán.

Nà chuán biàn jiāng dà bùān zài gěi le Wèizhuāng, bù dào zhèngwǔ, quán cūn de rénxīn jiù hěn dòngyáo. Chuán de shǐmìng, Zhào jiā běnlái shì hěn mìmì de, dàn cháfáng jiǔsì lǐ què dōu shuō, gémìngdǎng yào jìn chéng, jǔrén lǎoye dào wǒmen xiāngxia lái táonán le.

---

1. C'est-à-dire le 4 novembre 1911, jour où Shaoxing a été prise par les troupes révolutionnaires. On se situe moins d'un mois après le soulèvement du 10 octobre à Wuhan, qui marque le début des soulèvements qui conduiront à la proclamation de la République par Sun Yat-sen (1ᵉʳ janvier 1912) et à la chute de la dynastie Qing (abdication de l'Empereur Puyi, âgé de six ans, le 12 février).

Sept

Révolution

L E QUATORZIÈME JOUR du neuvième mois de l'ère Xuantong – le jour où Ah Q vendit sa bourse à Zhao Baiyan –, peu après la mi-nuit, une grande embarcation accosta l'embarcadère de la résidence des Zhao. La barque roulait dans l'obscurité et les bons habitants de Weizhuang, plongés dans un profond sommeil, n'eurent pas conscience de son arrivée. Mais elle ne repartit qu'à l'approche de l'aube et beaucoup de lève-tôt furent donc témoin de son appareillage. Les curieux procédèrent à quelques investigations : on sut qu'elle appartenait à Monsieur le Licencié.

Cet événement causa grande appréhension au village. Avant midi, la population entière était en émoi. Les Zhao avaient gardé le secret sur la mission de la barque, mais au salon de thé comme à la taverne le sentiment général était que Monsieur le Licencié avait dû fuir l'avance des troupes du parti révolutionnaire, prêtes à entrer en ville, et était venu se réfugier à Weizhuang.

2. La nuit était divisée en cinq « veilles » (更) de 2 heures s'étalant de 19h à 5h du matin. La troisième veille dure de 23h à 1h. Chaque veille était de plus divisée en cinq périodes (点) de 24 mn. Il est donc autour de 00h36.

3. Les embarcations du type 乌篷船 « barque à abri-corbeau », doivent leur nom à l'enduit de couleur noire qui imprègne l'abri semi-cylindrique en nattes de bambou ou d'osier servant de cabine. Très courantes sur les rivières et les canaux de Chine du Sud, elles sont propulsées selon leur taille et leur usage à la perche, à la pagaie, à la godille ou à la voile.

4. Ce terme qui signifie « sans scrupules, sans vergogne » a aussi un autre sens, très peu usité de nos jours, celui de « boutique, magasin ». Ce sens subsiste néanmoins dans le terme 食肆 qui désigne les restaurants et débits de boissons de tout types.

惟有邹七嫂不以为然，说那不过是几口破衣箱，举人老爷想来寄存的，却已被赵太爷回复转去。其实举人老爷和赵秀才<u>素不相能</u>[1]，<u>在理</u>[2]本不能有"<u>共患难</u>"[3]的情谊，况且邹七嫂又和赵家是邻居，见闻较为切近，所以大概该是伊对的。

然而谣言很旺盛，说举人老爷虽然似乎没有亲到，却有一封长信，和赵家排了"<u>转折亲</u>"[4]。赵太爷<u>肚里一轮</u>[5]，觉得于他总不会有坏处，便将箱子留下了，现就塞在太太的床底下。至于革命党，有的说是便在这一夜进了城，个个白盔白甲：穿着<u>崇正皇帝的素</u>[6]。

阿Q的耳朵里，本来早听到过革命党这一句话，今年又亲眼见过杀掉革命党。（…）

Wéi yǒu Zōu qīsǎo bùyǐwéirán, shuō nà bùguò shì jǐ kǒu pò yīxiāng, jǔrén lǎoye xiǎng lái jì cún de, què yǐ bèi Zhào tài yé huífù zhuǎn qù. Qíshí jǔrén lǎoye hé Zhào xiùcái sùbùxiāngnéng, zàilǐ běn bùnéng yǒu "gònghuànnàn" de qíngyì, kuàngqiě Zōu qīsǎo yòu hé Zhào jiā shì línjū, jiànwén jiào wèi qièjìn, suǒyǐ dàgài gāi shì yī duì de.

Ránér yáoyán hěn wàngshèng, shuō jǔrén lǎoye suīrán sìhū méiyǒu qīn dào, què yǒu yī fēng cháng xìn, hé Zhào jiā pái le "zhuǎnzhé qīn". Zhào tàiyé dǔ lǐ yīlún, juéde yú tā zǒng bùhuì yǒu huàichu, biàn jiāng xiāngzi liúxià le, xiàn jiù sāi zài Tàitai de chuáng dǐxia. Zhìyú gémìng dǎng, yǒude shuō shì biàn zài zhè yī yè jìn le chéng, gègè bái kuī bái jiǎ chuānzhe Chóngzhèng huángdì de sù.

Ā Qiu de ěrduo lǐ, běnlái zǎo tīngdào guò gémìng dǎng zhè yī jù huà, jīnnián yòu qīnyǎn jiàn guò shā diào gémìng dǎng. (...)

1. 素不相能 : *chengyu* courant et de compréhension simple : « ne pas s'entendre ».

2. 在理 est synonyme de 有理, plus courant aujourd'hui.

3. 共患难 : seconde partie du *chengyu* 同甘苦共患难, « à la vie, à la mort », « pour le meilleur et pour le pire ». Autres formes : 同甘共苦, 生死与共.

4. 转折亲 : expression du dialecte de Shaoxing, désignant les longues discussions portant sur des points de détail généalogiques, fort appréciées des Chinois.

Seule, Mme Zou la septième réfutait la rumeur : il ne s'agissait que de quelques vieilles malles à habits que le Licencié voulait faire stocker à la campagne et que M. Zhao s'était d'ailleurs empressé de renvoyer aussi sec. Le licencié de la ville et le bachelier de la famille Zhao n'étaient pas en très bons termes et il était en effet peu crédible qu'ils affrontassent ainsi, ensemble, l'adversité. De plus, Mme Zou était la voisine des Zhao et elle était la mieux placée pour savoir de quoi il retournait. C'était proba-blement elle qui avait raison.

La rumeur laissa donc place à un autre bruit : le Li-cencié n'était peut-être pas venu en personne, mais il avait ré-digé une longue lettre détaillant de lointains liens familiaux avec les Zhao. Le patriarche avait ruminé là-dessus et es-timé que cela ne pourrait pas faire de mal de garder les malles ; elles étaient désormais stockées sous le lit de Mme Zhao. Quant au parti révolutionnaire, il se dit que ses troupes étaient rentrées dans la ville en pleine nuit, chaque soldat revêtu d'un casque et d'une cuirasse blanche, en signe de deuil pour l'Empereur Chong Zhen des Ming.

Ah Q avait depuis longtemps eu vent de l'existence d'un « parti révolutionnaire ». Il avait aussi assisté, plus tôt dans l'année, à l'exécution de l'un de ses membres. (…)

---

5. 肚里一轮 : une image propre à Lu Xun, dénotant une certaine durée de réflexion…

6. 崇祯 *Chóngzhēn,* dernier empereur Ming, suicidé en 1644 avant la prise de Pékin par les troupes du rebelle Li Zicheng, lui même chassé ensuite par les Mandchous. L'orthographe est ici fautive : 崇正. Cette erreur est diversement interprétée par les commentateurs de Lu Xun, l'hypothèse la plus courante est qu'elle est là pour témoigner de l'inculture des habitants de Weizhuang. Les révolutionnaires chinois se référaient parfois aux Ming, dont les empereurs étaient de l'ethnie Han, par opposition à ceux de la dynastie Qing, descendants des envahisseurs mandchous. Ils suivaient ainsi la tradition des mouvements de rébellion paysanne dont le *motto* fut pendant des siècles 反清复明 « renverser les Qing, restaurer les Ming ». Le 14 février 1912, Sun Yat-sen, encore Président temporaire de la toute jeune République, se rendit sur la tombe du premier empereur Ming à Nankin pour lui « annoncer » le renversement des Mandchous.

(……)但他有一种不知从那里来的意见，以为革命党便是造反，造反便是与他为难，所以一向是"深恶而痛绝之"[1] 的。殊不料这却使百里闻名的举人老爷有这样怕，于是他未免也有些"神往"[2] 了，况且未庄的一群鸟[3] 男女的慌张的神情，也使阿Q更快意。

"革命也好罢，"阿Q想，"革这伙妈妈的命，太可恶！太可恨！……便是我，也要投降革命党了。"

阿Q近来用度窘，大约略略有些不平；加以午间喝了两碗空肚酒，愈加醉得快，一面想一面走，便又飘飘然起来。不知怎么一来，忽而似乎革命党便是自己，未庄人却都是他的俘虏了。他得意之余，禁不住大声的嚷道：

"造反了！造反了！"

未庄人都用了惊惧的眼光对他看。这一种可怜的眼光，是阿Q从来没有见过的，一见之下，又使他舒服得如六月里喝了雪水[4]。他更加高兴的走而且喊道：

(...) Dàn tā yǒu yī zhǒng bù zhī cóng nǎli lái de yìjiàn, yǐwéi gémìng dǎng biàn shì zàofǎn, zàofǎn biàn shì yǔ tā wéinán, suǒyǐ yīxiàng shì "shēn wù ér tòngjué zhī" de. Shū bùliào zhè què shǐ bǎi lǐ wénmíng de jǔrén lǎoye yǒu zhèyàng pà, yúshì tā wèimiǎn yě yǒuxiē "shénwǎng" le, kuàngqiě Wèizhuāng de yī qún niǎo nánnǚ de huāngzhāng de shénqíng, yě shǐ Ā Qiu gèng kuài yì.

"Gémìng yě hǎo ba," Ā Qiu xiǎng, "gé zhè huǒ māma de mìng, Tài kěwù ! Tài kěhèn !... biàn shì wǒ, yě yào tóuxiáng gémìng dǎng le."

Ā Qiu jìnlái yòngdù jiǒng, dàyuē lüèlüè yǒuxiē bù píng ; jiāyǐ wǔ jiān hēle liǎng wǎn kōng dǔ jiǔ, yùjiā zuì de kuài, yīmiàn xiǎng yīmiàn zǒu, biàn yòu piāopiāorán qǐlái. Bù zhī zěnme yī lái, hū'ér sìhū gémìng dǎng biàn shì zìjǐ, Wèizhuāng rén què dōu shì tā de fúlǔ le. Tā déyì zhī yú, jìn bù zhù dàshēng de rǎng dào :

"Zàofǎn le ! Zàofǎn le !"

Wèizhuāng rén dōu yòng le jīngjù de yǎnguāng duì tā kàn. Zhè yī zhǒng kělián de yǎnguāng, shì Ā Qiu cónglái méiyǒu jiànguò de, yī jiàn zhī xià, yòu shǐ tā shūfu de rú liùyuè lǐ hēle xuě shuǐ. Tā gèngjiā gāoxìng de zǒu érqiě hǎn dào :

(...) Mais il avait eu le sentiment – sans vraiment savoir d'où il le tenait – que révolution signifiait rébellion, et que la rébellion ne lui avait jamais valu que des soucis de toutes sortes. Il en avait conçu pour ce parti une amère détestation. Mais ne voilà-t-il pas que même ce licencié, célèbre à cent lis à la ronde, en avait désormais une peur bleue ! Ah Q en tira un certain plaisir. Plaisir qui tourna au bonheur suprême quand il constata l'affolement général dans la basse-cour qu'était Weizhuang.

« Pas si mal la révolution finalement ! » pensa-t-il, « faudrait leur... révolter le fion à tous ces pourris... à toutes ces ordures !... Si ça tenait qu'à moi, j'm'y rendrais bien au parti révolutionnaire... »

Les derniers revers de fortune d'Ah Q le gênaient aux entournures et il était peut-être un tantinet aigri ; rajoutez-y les deux bols de vin qu'il avait bu à midi – à jeun, donc à effet brutal. Ce qui explique qu'il errait dans les rues, pensif, quand soudain il se sentit flotter dans les airs. Il n'était plus Ah Q : inexplicablement, il était à lui tout seul le Parti de la révolution, et les habitants du village étaient tous ses captifs. Transporté de joie, il ne put se retenir de hurler : « Rébellion ! Rébellion ! » Les gens de Weizhuang lui jetaient des regards craintifs. Ces expressions pathétiques, Ah Q les voyait pour la toute première fois, et elles le portèrent au firmament du bien-être comme s'il avait bu de la neige fondue en plein été. Et ce fut encore plus joyeux qu'il avança en déclamant :

---

1. 深恶而痛绝之 : expression quelque peu redondante, tirée du Mencius.

2. 神往 : « charmé, attiré ». On retrouve cet terme dans le *chengyu* 心驰 神往 « être sous le charme (de), avoir les pensées qui volent (vers)... ».

3. 一群鸟 : « un vol d'oiseaux, un groupe d'oiseaux ». On peut traduire, comme ici, par « volaille, basse-cour », mais il est possible que le sens voulu par Lu Xun soit plus fort. Le caractère 鸟 *niǎo* « oiseau » peut en effet être se prononcer *diǎo* et être employé pour 屌, terme beaucoup plus explicite désignant l'appareil génital masculin, et servir d'insulte. Il faudrait alors traduire : « la bande de crétins, d'ordures ».

4. Outre ses vertus rafraîchissantes, la neige fondue était censée avoir des vertus médicinales (la médecine moderne est plutôt réservée sur la question).

"好，……我要什么就是什么，我欢喜谁就是谁。

得得，锵锵！ [1]

悔不该，酒醉错斩了郑贤弟， [2]

悔不该，呀呀呀……

得得，锵锵，得，锵令锵！

我手执钢鞭将你打……"

赵府上的两位男人和两个真本家，也正站在大门口论革命。阿 Q 没有见，昂了头直唱过去。

"得得，……"

"老 Q，"赵太爷怯怯的迎着低声的叫。

"锵锵，"阿 Q 料不到他的名字会和"老"字联结起来，以为是一句别的话，与己无干 [3]，只是唱。"得，锵，锵令锵，锵！"

"老 Q。"

"悔不该……"

"阿 Q！"秀才只得直呼其名了。

阿 Q 这才站住，歪着头问道，"什么？"

"Hǎo,... wǒ yào shénme jiùshì shénme, wǒ huānxǐ shéi jiùshì shéi.
Dé dé, qiāng qiāng !
Huǐ bù gāi, jiǔ zuì cuò zhǎn le Zhèng xiándì,
Huǐ bù gāi, ya ya ya... d
Dé dé, qiāng qiāng, dé, qiāng lìng qiāng !
Wǒ shǒu zhí gāng biān jiāng nǐ dǎ..."
Zhào fǔ shàng de liǎng wèi nánrén hé liǎng gè zhēn běnjiā, yě zhēng zhàn zài dàmén kǒu lún gémìng ; Ā Qiu méiyǒu jiàn, áng le tóu zhí chàng guòqu.
"Dé dé,... "
"Lǎo Q," Zhào tàiyé qièqiè de yíngzhe dī shēng de jiào.
"Qiāng qiāng," Ā Qiu liào bù dào tā de míngzi huì hé "lǎo" zì liánjié qǐlái, yǐwéi shì yī jù biéde huà, yǔ jǐ wúgān, zhǐshì chàng. "Dé, qiāng, qiāng lìng qiāng, qiāng !"
"Lǎo Q."
"Huǐ bù gāi..."
"Ā Qiu !" Xiùcái zhǐdé zhí hū qí míng le.
Ā Qiu zhè cái zhànzhù, wāizhe tóu wèndào, "Shénme ?"

« Hourra !... Tout ce que j'veux sera à moi ! Toutes celles que j'aime seront miennes !

« Zim boum, bang bang !

« Hélas ! j'étais schlass quand j'ai tué mon frère Zheng !

« Hélas, la-la-la...

« Zim boum, bang bang ! Zim – boum – bang !

« Je brandis mon fouet d'acier, tu vas déguster !... »

Les deux hommes de la famille Zhao se tenaient avec leurs deux cousins au seuil de leur résidence ; tous quatre discutaient justement de la Révolution. Ah Q ne les vit même pas et passa devant eux, tête haute, en chantant.

« Zim boum...

— Mon vieux Q... hasarda M. Zhao d'un ton craintif et à voix basse.

— Bang bang ! » N'ayant pas idée qu'on pût accoler son nom au qualificatif « mon vieux... », Ah Q crut qu'on s'adressait à quelqu'un d'autre et continua à chanter.

« Zim – bang – bang bang – bang !

— Mon vieux Q…

— Hélas !...

— Ah Q ! » hurla enfin le bachelier.

Ah Q s'arrêta enfin, pencha la tête et s'enquit :

« Quoi qu'est-ce ?

1. Le caractère 得 est utilisé ici de façon onomatopéique, pour sa sonorité ; idem pour 令 trois lignes plus bas. 锵 est une onomatopée désignant le son produit par les instruments de percussion métalliques comme les gongs et les tambours en métal.

2. Ce vers fait référence à un opéra traditionnel célèbre : 斩黄袍, dont il existe de multiples versions, et dont l'action se déroule au début de la dynastie Song. Le « petit frère Zheng » est Zheng En, personnage fictif, frère juré du fondateur de la dynastie, Zhao Kuangyin (nom de temple Song Taizu). Zheng est un jour tué par Zhao, pris de boisson.

3. 无干 synonyme du plus courant 无关 « sans lien, sans relations ».

"老 Q，……现在……"赵太爷却又没有话，"现在……发财么？"

"发财？自然。要什么就是什么……"

"阿……Q 哥，像我们这样穷朋友是不要紧的……"赵白眼惴惴的说，似乎想探革命党的口风。

"穷朋友？你总比我有钱。"阿 Q 说着自去了。

大家都怃然，没有话。赵太爷父子回家，晚上商量到点灯。赵白眼回家，便从腰间扯下搭连来，交给他女人藏在箱底里。

阿 Q 飘飘然的飞了一通，回到土谷祠，酒已经醒透了。这晚上，管祠的老头子也意外的和气，请他喝茶；阿 Q 便向他要了两个饼，吃完之后，又要了一支点过的四两烛和一个树烛台，点起来，独自躺在自己的小屋里。他说不出的新鲜而且高兴，烛火像元夜似的闪闪的跳，他的思想也迸跳起来了：

"造反？有趣，……（…）

"Lǎo Qiu,... xiànzài..." Zhào tàiyé què yòu méiyǒu huà, "xiànzài... fācái ma ? "

"Fācái ? Zìrán. Yào shénme jiùshì shénme..."

"Ā... Qiu gē, xiàng wǒmen zhèyàng qióng péngyou shì bù yàojǐn de..." Zhào báiyǎn zhuìzhuì de shuō, sìhū xiǎng tàn gémìng dǎng de kǒufēng.

"Qióng péngyou ? Nǐ zǒng bǐ wǒ yǒu qián." Ā Qiu shuōzhe zì qù le.

Dàjiā dōu wǔrán, méiyǒuhuà. Zhào tàiyé fùzǐ huíjiā, wǎnshang shāngliang dào diǎndēng. Zhào Háiyǎn huíjiā, biàn cóng yāo jiān chě xià dālián lái, jiāogěi tā nǚren cáng zài xiāngdǐ lǐ.

Ā Qiu piāopiāorán de fēi le yītòng, huídào Tǔgǔ cí, jiǔ yǐjīng xǐng tòu le. Zhè wǎnshang, guǎn cí de lǎo tóuzi yě yìwài de héqi, qǐng tā hē chá ; Ā Qiu biàn xiàng tā yào le liǎng gè bǐng, chīwán zhīhòu, yòu yào le yī zhī diǎn guò de sì liǎng zhú hé yī gè shù zhútái, diǎn qǐlái, dúzì tǎng zài zìjǐ de xiǎowū lǐ. Tā shuōbuchū de xīnxiān érqiě gāoxìng, zhú huǒ xiàng yuán yè shìde shǎnshǎn de tiào, tā de sīxiǎng yě bèngtiào qǐlái le.

"Zàofǎn ? Yǒuqù,... (...)

— Mon vieux Q... maintenant... »

M. Zhao, décidément, ne trouvait pas ses mots.

« Maintenant... les affaires marchent ?

— Si ça marche ? Je veux ! Tout ce que j'veux sera à moi...

— Ah... Frère Q, pas la peine de perdre son temps avec de pauvres amis comme nous... dit Zhao Baiyan en tremblant ; il semblait vouloir sonder les intentions du Parti révolutionnaire.

— "De pauvres amis" ? Toujours plus riches que moi ! » dit Ah Q en repartant.

Ils restèrent silencieux, comme frappés de désespoir. Les Zhao père et fils réintégrèrent la résidence et quand le soir vint, ils débattirent de la question jusqu'à ce que vînt l'heure d'allumer les lampes. De son côté, Zhao Baiyan rentra chez lui, retira la bourse de sa ceinture et la donna à sa femme pour qu'elle la cache au fond d'une malle.

Ah Q continua son chemin en flottant de plus belle, mais quand il arriva au Temple des dieux tutélaires l'effet du vin s'était dissipé. Le soir venu, le vieux gérant fut inhabituellement cordial et l'invita même à boire du thé. Ah Q en profita pour le taxer de deux galettes qu'il avala vite fait, puis d'un chandelier de bois qu'accompagnait une chandelle usée de quatre onces. Il alluma la bougie et s'allongea dans sa pièce. Il se sentait plus ragaillardi et heureux qu'il n'eût su le dire ; la flamme de la bougie sautait et dansait comme le soir de la Fête des lanternes, ses pensées se mirent à bondir à l'unisson :

« La rébellion ? Ça sonne bien... (...)

（…）来了一阵白盔白甲的革命党，都拿着板刀，钢鞭，炸弹，洋炮，三尖两刃刀，钩镰枪[1]，走过土谷祠，叫道，'阿Q！同去同去！'于是一同去。……

"这时未庄的一伙鸟男女才好笑哩，跪下叫道，'阿Q，饶命！'谁听他！第一个该死的是小D和赵太爷，还有秀才，还有假洋鬼子，……留几条么？王胡本来还可留，但也不要了。……

"东西，……直走进去打开箱子来：元宝，洋钱，洋纱衫，……秀才娘子的一张宁式床[2]先搬到土谷祠，此外便摆了钱家的桌椅，——或者也就用赵家的罢。自己是不动手的了，叫小D来搬，要搬得快，搬得不快打嘴巴。……

"赵司晨的妹子真丑。邹七嫂的女儿过几年再说。假洋鬼子的老婆会和没有辫子的男人睡觉，吓，不是好东西！秀才的老婆是眼胞上有疤的。……吴妈长久不见了，不知道在那里，——可惜脚太大。"

(...) Lái le yī zhèn bái kuī bái jiǎ de gémìng dǎng, dōu rázhe bǎndāo, gāngbiān, zhàdàn, yáng pào, sānjiān liǎngrèn dāo, gōulián qiāng, zǒuguò Tǔgǔ cí, jiào dào, 'Ā Qiu ! Tóng qù tóng qù !' Yúshì yītóng qù...

"Zhè shí Wèizhuāng de yī huǒ niǎo nánnǔ cái hǎoxiào li, guì xià jiào dào, 'Ā Qiu, ráo mìng !' Shéi tīng tā ! Dìyī gè gāi sǐ de shì Xiǎo Di hé Zhào tàiyé, háiyǒu xiùcái, háiyǒu jiǎ yángguǐzi,... Liú jǐ tiáo ma ? Wáng Hú běnlái hái kě liú, dàn yě bù yào le...

"Dōngxi,... zhí zǒu jìnqù dǎkāi xiāngzi lái : yuánbǎo, yáng qián, yángshā shān,... Xiùcái niángzi de yī zhāng Níngshì chuáng xiān bān dào Tǔgǔ cí, cǐwài biàn bǎi le Qián jiā de zhuō yǐ, — huòzhě yě jiù yòng Zhào jiā de ba. Zìjǐ shì bùdòng shǒu de le, jiào Xiǎo Di lái bān, yào bān de kuài, bān de bù kuài dǎ zuǐba...

"Zhào Sīchén de mèizi zhēn chǒu. Zōu qīsǎo de nǔér guò jǐnián zàishuō. Jiǎ yángguǐzi de lǎopó huì hé méiyǒu biànzi de nánrén shuìjiào, hè, bù shì hǎo dōngxi ! Xiùcái de lǎopó shì yǎnbāo shàng yǒu bā de. Wú Mā chángjiǔ bù jiàn le, bù zhīdào zài nàli, — kěxī jiǎo tài dà."

(…) Voilà une bande de révolutionnaires en armure et casques blancs… armés de sabres, de fouets d'acier, d'explosifs et de canons, de pertuisanes et de guisarmes… ils passent devant mon temple en criant : "Ah Q ! Viens avec nous !" Et j'vais avec eux.

« Et tous ces ridicules pleutres de Weizhuang se traîneront à genoux devant moi : "Pitié, Ah Q ! Pitié !" Pitié, mon cul ! Les premiers à crever seront Petit D et Monsieur Zhao… et puis le Bachelier, et le faux diable blanc… est-ce que j'en épargnerai quelques-uns ? Wang-le-barbu, j'dis pas, avant… mais plus maintenant.

« Et la camelote… j'irai tout droit ouvrir les coffres : les lingots, les piastres, les chemises de mousseline… je déménagerai le lit à baldaquin de la femme du bachelier jusqu'ici… et aussi la table et les chaises des Qian… non, plutôt celles des Zhao. C'est pas moi qui l'ferai, sûr, je laisserai Petit D trimballer tout ça, il aura intérêt à se magner le train, sinon y s'prendra des baffes !

« La petite sœur de Zhao Sichen est vraiment trop moche ; la fille de Zou la septième belle-sœur… on en reparlera dans quelques années ; la femme du faux diable blanc… beurk ! Une saloperie capable de coucher avec un type sans natte ! Celle du Bachelier, elle a des marques de vérole sur les paupières… La mère Wu, tiens, ça fait longtemps que j'l'ai pas vue, je m'demande où elle est passée… dommage qu'elle ait de si grands pieds ! »

1. Ces armes ne font pas partie des dix-huit armes classiques des arts martiaux chinois, et n'ont pas d'équivalents exacts en Europe (les traductions données désignent les armes d'hast médiévales qui s'en rapprochent le plus). Plutôt qu'une longue description, les deux images ci-dessus sont parlantes : à gauche le « sabre à trois pointes et deux tranchants », à droite la « lance à crochet ».

2. 宁式床 : désigne un type de lit à baldaquin en bois sculpté de façon très recherchée, spécialité de la ville de Ningbo (宁波) au Zhejiang.

阿 Q 没有想得十分停当，已经发了鼾声，四两烛还只点去了小半寸，红焰焰的光照着他张开的嘴。

"荷荷[1]！"阿 Q 忽而大叫起来，抬了头仓皇的四顾，待到看见四两烛，却又倒头睡去了。

第二天他起得很迟，走出街上看时，样样都照旧。他也仍然肚饿，他想着，想不起什么来；但他忽而似乎有了主意了，慢慢的跨开步，有意无意的走到静修庵。

庵和春天时节一样静，白的墙壁和漆黑的门。他想了一想，前去打门，一只狗在里面叫。他急急拾了几块断砖，再上去较为用力的打，打到黑门上生出许多麻点的时候，才听得有人来开门。

阿 Q 连忙捏好砖头，摆开马步[2]，准备和黑狗来开战。但庵门只开了一条缝，并无黑狗从中冲出，望进去只有一个老尼姑。

"你又来什么事？"伊大吃一惊的说。

Ā Qiu méiyǒu xiǎng de shífēn tíngdang, yǐjīng fā le hānshēng, sì liǎng zhú hái zhǐ diǎn qù le xiǎo bàn cùn, hóngyànyàn de guāng zhàozhe tā zhāngkāi de zuǐ.

"Hēhē l" Ā Qiu hū'ér dà jiào qǐlái, tái le tóu cānghuáng de sìgù, dài dào kànjiàn sì liǎng zhú, què yòu dǎo tóu shuì qù le.

Dì'èr tiān tā qǐ de hěn chí, zǒuchū jiē shàng kàn shí, yàngyàng dōu zhàojiù. Tā yě réngrán dǔ è, tā xiǎngzhe, xiǎng bù qǐ shénme lái ; dàn tā hū'ér sìhū yǒu le zhǔyi le, mànmàn de kuà kāi bù, yǒuyì-wúyì de zǒu dào Jìngxiū ān.

Ān hé chūntiān shíjié yīyàng jìng, bái de qiángbì hé qīhēi de mén. Tā xiǎng le yī xiǎng, qián qù dǎ mén, yī zhǐ gǒu zài lǐmiàn jiào. Tā jíjí shíle jǐ kuài duàn zhuān, zài shàngqù jiàowéi yònglì de dǎ, dǎ dào hēi mén shàng shēngchū xǔduō mádiǎn deshíhòu, cái tīng dé yǒu rén lái kāimén.

Ā Qiu liánmáng niē hǎo zhuān tou, bǎi kāi mǎbù, zhǔnbèi hé hēi gǒu lái kāizhàn. Dàn ān mén zhǐ kāi le yī tiáo fèng, bìng wú hēi gǒu cóng-zhōng chōng chū, wàng jìnqù zhǐyǒu yīgè lǎo nígū.

"Nǐ yòu lái shénme shì ? " yī dà chī yī jīng de shuō.

Sans aller plus loin dans ses profondes pensées, Ah Q se mit à ronfler. La chandelle se consuma encore sur près d'un demi-pouce, éclairant d'une flamme rougeâtre sa bouche grande ouverte.

« Arrgh ! » Ah Q poussa soudain un grand cri, leva la tête et promena un regard craintif tout autour de lui. Il vit la chandelle et se rendormit d'un bloc.

Le lendemain il se leva très tard et constata en se promenant dans les ruelles que rien n'avait encore changé. Il avait toujours le ventre vide, comme avant, et il avait beau réfléchir à la question, il ne voyait pas comment y remédier. Mais bientôt une autre idée lui vint ; ses pas s'allongèrent petit à petit et le portèrent plus ou moins consciemment vers le couvent de la Calme Pratique.

Le couvent était tout aussi tranquille qu'au printemps, avec ses murs chaulés de blanc et son portail laqué de noir. Il eut un moment de réflexion avant de cogner contre le battant. Un chien aboya à l'intérieur. Il ramassa en hâte quelques fragments de brique et frappa derechef, avec plus de force. Il frappa jusqu'à ce que la laque noire fût constellée de piqûres. Ce n'est qu'alors qu'il entendit enfin quelqu'un ouvrir.

Ah Q serra bien fort son morceau de brique et se mit en garde, les deux pieds écartés et fermement plantés au sol, pour se préparer à recevoir l'assaut du chien noir. Le portail s'entrebâilla, aucun chien n'en jaillit. Il ne vit qu'une vieille nonne par l'ouverture.

« Encore toi ? Mais qu'est-ce que tu veux encore ? dit-elle, stupéfaite à sa vue.

---

1. 荷 : ce caractère n'est normalement pas une onomatopée, il est employé ici à la place du caractère 嗬 *hē*, utilisé pour signifier la surprise, la frayeur.

2. 马步 : aujourd'hui ce terme désigne un pas de ballet (le « pas de cheval »). Mais ici il désigne l'une des postures de base importantes des arts martiaux chinois et asiatiques, traduite en français par la « posture du cavalier de fer » (*kiba-dachi* en karaté) : les deux jambes sont écartées et les genoux pliés pour imiter la façon dont le cavalier est assis sur sa monture.

"革命了……你知道？……"阿Q说得很含胡。

"革命革命，革过一革的，……你们要革得我们怎么样呢？"老尼姑两眼通红的说。

"什么？……"阿Q诧异了。

"你不知道，他们已经来革过了！"

"谁？……"阿Q更其[1]诧异了。

"那秀才和洋鬼子！"

阿Q很出意外，不由的一错愕；老尼姑见他失了锐气，便飞速的关了门，阿Q再推时，牢不可开，再打时，没有回答了。

那还是上午的事。赵秀才消息灵[2]，一知道革命党已在夜间进城，便将辫子盘在顶上，一早去拜访那历来也不相能的钱洋鬼子。这是"咸与维新"[3]的时候了，所以他们便谈得很投机，立刻成了情投意合[4]的同志，也相约去革命。(…)

"Gémìng le... nǐ zhīdào ? ..." Ā Qiu shuō de hěn hánhú.

"Gémìng gémìng, gé guò yī gé de, ... nǐmen yào gé dé wǒmen zěnmeyàng ne ?" Lǎo nígū liǎng yǎn tōnghóng de shuō.

"Shénme ? ..." Ā Qiu chàyì le.

"Nǐ bù zhīdào, tāmen yǐjīng lái gé guò le !"

"Shéi ?..." Ā Qiu gèngqí chàyì le.

"Nà xiùcái hé yángguǐzi !"

Ā Qiu hěn chū yìwài, bùyóude yī cuò è ; lǎo nígū jiàn tā shī le ruìqì, biàn fēisù de guān le mén, Ā Qiu zài tuī shí, láo bù kě kāi, zài dǎ shí, méiyǒu huídá le.

Nà háishi shàngwǔ de shì. Zhào xiùcái xiāoxi líng, yī zhīdào gémìng dǎng yǐ zài yè jiān jìn chéng, biàn jiāng biànzi pán zài dǐng shàng, yī zǎo qù bàifǎng nà lìlái yě bù xiāngnéng de Qián yángguǐzi. Zhè shì "xián yǔ wéi xīn" de shíhòu le, suǒyǐ tāmen biàn tán de hěn tóujī, lìkè chéng le qíngtóuyìhé de tóngzhì, yě xiāngyuē qù gémìng. (...)

— C'est la révolution, vous êtes au courant ? dit Ah Q, d'un ton plus qu'incertain.

— La révolution, la révolution... elle est déjà passée, la révolution... qu'est-ce que vous nous voulez tous, avec votre révolution ? dit la vieille, les deux yeux rougis.

— Hein ?

— C'est toi qui n'es pas au courant ! Ils sont déjà venus !

— Qui ça ?... dit Ah Q, abasourdi.

— Le Bachelier et le faux diable blanc ! »

Ah Q s'attendait à tout sauf à ça et en resta bien malgré lui comme deux ronds de flan. La vieille nonne vit qu'il avait perdu son peu d'élan et referma le portail à toute volée. Ah Q poussa : sans résultat. Il frappa de nouveau : personne ne lui répondit.

Ça s'était passé le matin même. Le bachelier Zhao avait très vite appris que les révolutionnaires étaient rentrés en ville dans la nuit. Il avait roulé sa natte au sommet de son crâne et était allé très tôt chercher le faux diable blanc de la famille Qian, avec lequel il avait pourtant depuis toujours été à couteaux tirés. Mais l'heure était venue du renouveau... et ils avaient tenu une conversation des plus agréables, s'étaient trouvé d'emblée des atomes crochus et avaient décidé d'aller faire la révolution ensemble. (...)

1. 更其 est synonyme (inusité aujourd'hui) de 更加 « plus, encore ».

2. L'expression est aujourd'hui 消息灵通 « être bien informé, avoir ses sources ».

3. 咸与维新 *chengyu,* rare : « se débarasser du vieux au profit du neuf ». Il trouve son origine dans le *Livre des documents* (尚书), ouvrage classique dont une partie au moins remonte au début de la dynastie Zhou. Dans cette expression le caractère 咸 ne veut pas dire « salé », mais est l'adverbe du chinois classique signifiant « tous, ensemble ».

4. 情投意合 *chengyu* assez fréquent : « très bien s'entendre, se trouver en parfaite harmonie ».

(⋯)他们想而又想，才想出静修庵里有一块"皇帝万岁万万岁"的<u>龙牌</u> [1]，是应该赶紧革掉的，于是又立刻同到庵里去革命。因为老尼姑来阻挡，说了三句话，他们便将伊当作满 [2] 政府，在头上很给了不少的棍子和<u>栗凿</u> [3]。尼姑待他们走后，定了神来检点，龙牌固然已经碎在地上了，而且又不见了<u>观音娘娘</u> [4]座前的一个<u>宣德炉</u> [5]。

这事阿Q后来才知道。他颇悔自己睡着，但也深怪他们不来招呼他。他又退一步想道：

"难道他们还没有知道我已经投降了革命党么？"

(...) Tāmen xiǎng ér yòu xiǎng, cái xiǎng chū Jìngxiū ān lǐ yǒu yīkuài "Huángdì wànsuì wànwàn suì" de lóngpái, shì yīnggāi gǎnjǐn gé diào de, yúshì yòu lìkè tóng dào ān lǐ qù gémìng. Yīnwèi lǎo nígū lái zǔdǎng, shuō le sān jù huà, tāmen biàn jiāng yī dàngzuò Mǎn zhèngfǔ zài tóu shàng hěn gěi le bùshǎo de gùnzi hé lìzáo. Nígū dài tāmen zǒu hòu, dìng le shén lái jiǎndiǎn, lóngpái gùrán yǐjīng suì zài dìshang le, érqiě yòu bù jiàn le Guānyīn niángniáng zuò qián de yīgè Xuāndé lú.

Zhè shì Ā Qiu hòulái cái zhīdào. Tā pō huǐ zìjǐ shuìzhe, dàn yě shēn guài tāmen bù lái zhāohu tā. Tā yòu tuì yībù xiǎng dào :

"Nándào tāmen hái méiyǒu zhīdào wǒ yǐjīng tóuxiáng le gémìng dǎng ma ?"

1. « Tablette dragon », qui pouvait désigner soit (comme ici) une tablette offerte par l'Empereur à un établissement bouddhique, soit une tablette servant à transmettre les édits impériaux.

(…) Par où commencer ? Ils s'étaient creusé la cervelle pour finalement se rappeler que le couvent de la Calme Pratique abritait une tablette de bois gravée des caractères « Longue vie, très longue vie à l'Empereur ! » Cela semblait être un bon début : ils s'étaient ensemble rendus au couvent pour lancer leur révolution en détruisant la tablette impériale. Et comme la vieille nonne s'était interposée de vive voix, ils l'avaient vite assimilée à l'ensemble du gouvernement mandchou honni et l'en avaient punie à coups de canne et de poings sur l'occiput. Après leur départ, la nonne avait repris ses esprits et était allée constater les dégâts : la tablette était à terre, brisée en morceaux, et qui plus est, le bel encensoir placé devant la statue de Guanyin, la Bodhisattva de la compassion, avait disparu.

Ah Q n'apprit tout cela que bien plus tard. Il s'en voulut un peu d'avoir tant dormi, en voulut surtout aux autres de n'être pas venus l'appeler. Mais à force d'y réfléchir il décida de leur laisser le bénéfice du doute :

« C'est-y possible qu'y savent pas encore que j'm'ai rendu au parti révolutionnaire ? »

2. Le terme signifie ici « mandchou », et désigne donc la dynastie Qing, fondée en 1636 par les Mandchous et installée sur le trône de Chine dès 1644, après la conquête.

3. 栗凿 « burin-chataîgne » : terme du dialecte de Shaoxing. Désigne le fait de frapper quelqu'un avec les phalanges de l'index et du majeur repliées.

4. Guanyin est la déesse bien connue de la compassion, adorée en Chine tant par les bouddhistes que les taoïstes. Elle trouve ses origines dans le bodhisattva Avalokiteśvara. Le terme de 娘娘 accolé à son nom montre d'abord le fait que le bodhisattva est en Chine généralement adoré sous les traits d'une femme, mais témoigne aussi du fait que Guanyin fait souvent l'objet d'un culte populaire comme une déesse à laquelle on s'adresse pour obtenir des enfants, en particulier en cas de problème d'infertilité : elle peut être alors appelée 送子娘娘, « la mère qui offre/apporte les enfants ».

5. Type d'encensoir imitant la forme d'une série d'encensoirs fondus sur ordre de l'empereur Xuande (1425 – 1435), en laiton (pour la première fois en Chine), eux-même imitant la forme des tripodes en bronze antiques. Ils ne datent pas forcément tous des Ming.

第八章

不准革命

　　未庄的人心日见 [1] 其安静了。据传来的消息，知道革命党虽然进了城，倒还没有什么大异样。知县大老爷还是原官，不过改称了什么，而且举人老爷也做了什么——这些名目，未庄人都说不明白——官，带兵的也还是先前的老把总 [2]。只有一件可怕的事是另有几个不好的革命党夹在里面捣乱，第二天便动手剪辫子，听说那邻村的航船七斤 [3] 便着了道儿 [4]，弄得不像人样子了。但这却还不算大恐怖，因为未庄人本来少上城，即使偶有想进城的，也就立刻变了计，碰不着这危险。阿 Q 本也想进城去寻他的老朋友，一得这消息，也只得作罢了。

Bā

Bùzhǔn gémìng

　　Wèizhuāng de rén xīn rìjiàn qí ānjìng le. Jù chuán lái de xiāoxi, zhīdào gémìng dǎng suīrán jìn le chéng, dào hái méiyǒu shénme dà yìyàng. Zhīxiàn dàlǎoye háishi yuán guān, bùguò gǎi chēng le shénme, érqiě jǔrén lǎoye yě zuò le shénme — zhèxiē míngmù, Wèizhuāng rén dōu shuō bù míngbái — guān, dài bīng de yě háishi xiānqián de lǎo bǎzǒng. Zhǐyǒu yī jiàn kěpà de shì shì lìng yǒu jǐge bùhǎo de gémìng dǎng jiā zài lǐmiàn dǎoluàn, dì èr tiān biàn dòngshǒu jiǎn biànzi, tīngshuō nà líncūn de hángchuán Qī-jīn biàn zhāo le dàor, nòng dé bù xiàng rén yàngzi le. Dàn zhè què hái bù suàn dà kǒngbù, yīnwèi Wèizhuāng rén běnlái shǎo shàng chéng, jíshǐ ǒu yǒu xiǎng jìn chéng de, yě jiù lìkè biàn le jì, pèng bù zháo zhè wēixiǎn. Ā Qiu běn yě xiǎng jìn chéng qù xún tā de lǎo péngyou, yī dé zhè xiāoxi, yě zhǐdé zuò bàle.

1. 日见 signifie « de jour en jour, avec chaque jour qui passe ».

Huit

Interdit de Révolution

CHAQUE JOUR LES HABITANTS de Weizhuang se rassuraient un peu plus. Les nouvelles qui leur parvenaient confirmaient que le parti révolutionnaire était bien rentré en ville, mais que ça n'avait pas changé grand-chose. À la tête du district était resté le même mandarin, bien qu'il ait changé de titre, et Monsieur le Licencié avait aussi obtenu une charge quelconque – dont les villageois ne comprenaient pas plus le nom. Les troupes étaient toujours sous les ordres du même commandant de compagnie.

Il n'y avait qu'une seule véritable cause de frayeur : parmi les révolutionnaires s'étaient glissés certains éléments moins recommandables et plus enclins à semer le désordre. Dès le deuxième jour ils avaient commencé à couper les nattes de la populace. Il se disait que le batelier du village voisin, surnommé « Sept livres », avait dû y passer, et en était sorti n'ayant plus grand-chose d'humain. Mais tout bien considéré, ça ne représentait pas une si grande menace, car les gens de Weizhuang se rendaient rarement en ville ; ceux qui y songeaient révisèrent de suite leurs plans, pour ne pas courir de risque. Ah Q en personne avait eu l'intention d'aller voir ses vieux amis mais dut renoncer à son projet dès qu'il eut vent de ces circonstances.

2. Grade militaire des dynasties Ming et Qing. Sous les Qing, le plus bas des grades d'officier des troupes chinoises Han (par opposition aux troupes d'élite des Huit Bannières, d'origine mandchoue).

3. Ce personnage « Sept livres » réapparaît dans un autre récit de Lu Xun du même recueil (风波). Son nom lui vient d'une coutume du village consistant à prénommer les enfants selon leur poids de naissance.

4. 着道儿 *zhāodàor* : expression ancienne (on la trouve dans *Au bord de l'eau*) qui signifie « tomber dans un piège » (syn. de 中计 ou 上当).

但未庄也不能说是无改革。几天之后，将辫子盘在顶上的逐渐增加起来了，早经说过，最先自然是茂才公[1]，其次便是赵司晨和赵白眼，后来是阿Q。倘在夏天，大家将辫子盘在头顶上或者打一个结[2]，本不算什么稀奇事，但现在是暮秋[3]，所以这"秋行夏令"[4]的情形，在盘辫家不能不说是万分的英断[5]，而在未庄也不能说无关于改革了。

赵司晨脑后空荡荡[6]的走来，看见的人大嚷说，"豁[7]，革命党来了！"

阿Q听到了很羡慕。他虽然早知道秀才盘辫的大新闻，但总没有想到自己可以照样做，现在看见赵司晨也如此，才有了学样的意思，定下实行的决心。他用一支竹筷将辫子盘在头顶上，迟疑多时，这才放胆的走去。

Dàn Wèizhuāng yě bù néng shuō shì wú gǎigé. Jǐtiān zhīhòu, jiāng biànzi pán zài dǐng shàng de zhújiàn zēngjiā qǐlái le, zǎojīng shuō guò, zuìxiān zìrán shì màocáigōng, qícì biàn shì Zhào Sīchén hé Zhào Báiyǎn, hòulái shì Ā Qiu. Tǎng zài xiàtiān, dàjiā jiāng biànzi pán zài tóudǐng shàng huòzhě dǎ yīgè jié, běn bù suàn shénme xīqí shì, dàn xiànzài shì mùqiū, suǒyǐ zhè "qiū xíng xià lìng" de qíngxing, zài pán biàn jiā bù néng bù shuō shì wànfēn de yīngduàn, ér zài Wèizhuāng yě bù néng shuō wú guān yú gǎigé le.

Zhào Sīchén nǎo hòu kōngdàngdàng de zǒu lái, kànjiàn de rén dà rǎng shuō, "huò, gémìng dǎng lái le !"

Ā Qiu tīngdào le hěn xiànmù. Tā suīrán zǎo zhīdào xiùcái pán biàn de dà xīnwén, dàn zǒng méiyǒu xiǎngdào zìjǐ kěyǐ zhàoyàng zuò, xiànzài kànjiàn Zhào Sīchén yě rúcǐ, cái yǒu le xuéyàng de yìsi, dìng xià shíxíng de juéxīn. Tā yòng yī zhī zhú kuài jiāng biànzi pán zài tóu dǐng shàng, chíyí duō shí, zhè cái fàng dǎn de zǒu qù.

1. 公 est ici employé dans le sens ancien de « respectable, vénérable », quand placé après un nom ou un titre.

Pour autant, il eût été faux de prétendre que le vent de la réforme ne soufflait pas aussi sur Weizhuang. Au bout de quelques jours, le nombre de ceux qui se roulaient la natte au sommet du crâne alla en augmentant. Nous avons déjà dit que le premier fut naturellement le brillant Bachelier ; il fut suivi de ses parents Zhao Sichen et Zhao Baiyan, puis d'Ah Q. Cela n'aurait rien eu de surprenant en plein été, quand tout un chacun se roulait la natte sur la tête ou la portait en chignon. Mais l'automne était bien avancé, et cette mode estivale sous les frimas était bien la preuve que les adeptes de la nouvelle coiffure étaient faits de l'étoffe des héros, et qu'on ne pouvait prétendre que Weizhuang se tenait à l'écart des temps.

Ainsi, quand Zhao Sichen se montra pour la première fois avec la nuque dégagée, les témoins s'exclamèrent :

« Ha ! Les révolutionnaires sont arrivés ! »

Ah Q en était rouge d'envie. Il avait bien sûr appris que le Bachelier s'était roulé la natte, mais n'avait pas songé un seul instant qu'il eût pu faire de même ; ce ne fut qu'en voyant en ce jour Zhao Sichen se lancer lui aussi que l'idée lui vint de l'imiter à son tour et qu'il prit bientôt sa décision. Il se servit d'une baguette en bambou qu'il ficha en travers de sa queue roulée haut et, après de longues tergiversations, , il eut enfin l'audace de s'exhiber.

2. 结 est ici synonyme de 髻 jì « chignon » : 打结 « (se) faire un chignon ».

3. 暮秋 : ce terme désigne le dernier mois de l'automne, le 9ᵉ mois du calendrier luni-solaire traditionnel.

4. 秋行夏令 : cette expression « faire en automne ce qui relève de l'été », propre à Lu Xun, est devenue aujourd'hui un *chengyu* (peu fréquent), signifiant « hors de saison ». Ici le caractère 令 est utilisé pour le terme 时令 « saison ».

5. 英断 : abréviation de 英明果断, soit « sage, lucide » + « résolu, inflexible ».

6. 空荡荡 Forme ABB très courante : « vide, déserté ». Peut signifier également « ne savoir que faire ».

7. Voir note 4 p. 97.

他在街上走，人也看他，然而不说什么话，阿 Q 当初很不快，后来便很不平。他近来很容易闹脾气了；其实他的生活，倒也并不比造反之前反艰难，人见他也客气，店铺也不说要现钱。而阿 Q 总觉得自己太失意：既然革了命，不应该只是这样的。况且有一回看见小 D，愈使他气破肚皮了。

小 D 也将辫子盘在头顶上了，而且也居然用一支竹筷。阿 Q 万料不到他也敢这样做，自己也决不准他这样做！小 D 是什么东西呢？他很想即刻揪住他，拗断他的竹筷，放下他的辫子，并且批他几个嘴巴，聊且[1] 惩罚他忘了生辰八字[2]，也敢来做革命党的罪。但他终于饶放了，单是怒目而视的吐一口唾沫道"呸！"

这几日里，进城去的只有一个假洋鬼子。赵秀才本也想靠着寄存箱子的渊源，亲身去拜访举人老爷的，但因为有剪辫的危险，所以也中止了。(…)

Tā zài jiē shàng zǒu, rén yě kàn tā, ránér bù shuō shénme huà, Ā Qiu dāngchū hěn bù kuài, hòulái biàn hěn bù píng. Tā jìnlái hěn róngyì nào píqi le; qíshí tā de shēnghuó, dào yě bìng bù bǐ zàofǎn zhīqián fǎn jiānnán, rén jiàn tā yě kèqi, diànpù yě bù shuō yào xiànqián. Ér Ā Qiu zǒng juéde zìjǐ tài shīyì: jìrán gé le mìng, bù yīnggāi zhǐ shì zhèyàng de. Kuàngqiě yǒu yī huí kànjiàn Xiǎo Di, yù shǐ tā qì pò dǔ pí le.

Xiǎo D yě jiāng biànzi pán zài tóu dǐng shàng le, érqiě yě jūrán yòng yī zhī zhú kuài. Ā Qiu wàn liào bù dào tā yě gǎn zhèyàng zuò, zìjǐ yě juébù zhǔn tā zhèyàng zuò ! Xiǎo Di shì shénme dōngxi ne ? Tā hěn xiǎng jíkè jiū zhù tā, ǎoduàn tā de zhú kuài, fàng xià tā de biànzi, bìngqiě pī tā jǐge zuǐba, liáoqiě chéngfá tā wàng le shēngchén bāzì, yě gǎn lái zuò gémìng dǎng de zuì. Dàn tā zhōngyú ráo fàng le, dān shì nùmù ér shì de tǔ yī kǒu tuòmo dào "pēi !"

Zhè jǐ rì lǐ, jìn chéng qù de zhǐ yǒu yīgè jiǎ yángguǐzi. Zhào xiùcái běn yě xiǎng kào zhe jì cún xiāngzi de yuānyuán, qīnshēn qù bàifǎng jǔrén lǎoye de, dàn yīnwèi yǒu jiǎn biàn de wēixiǎn, suǒyǐ yě zhōngzhǐ le. (...)

Il marchait dans la rue, les gens le regardaient mais ne disaient rien. Ah Q en ressentit d'abord une intense frustration, suivie d'une profonde déprime. Ces derniers temps, il était d'humeur irritable. En vérité sa vie n'était pas pire aujourd'hui qu'avant sa révolte, on était poli avec lui, les boutiquiers acceptaient de lui faire crédit. Pourtant, Ah Q était désappointé : il avait fait la révolution – le mandat du Ciel avait changé de main – et c'était tout ?

Un jour qu'il croisa Petit D, sa colère trouva enfin à s'exprimer.

Petit D avait lui aussi roulé sa natte sur le sommet de sa tête. Et il avait aussi utilisé une baguette de bambou pour ce faire. Comment se permettait-il ? s'interrogeait Ah Q, stupéfait. Ah Q, lui, ne le lui permettrait pas ! Et qu'était-il après tout, ce Petit D ? Ah Q eut très envie de se jeter sur lui pour lui briser sa baguette et libérer sa natte avant de lui flanquer quelques baffes, histoire de le remettre à sa place et de le punir d'avoir osé contrefaire un révolutionnaire. Mais il finit par y renoncer et se contenta de le clouer sur place d'un regard furibond et d'un crachat retentissant. « Pah ! »

Au cours de cette période troublée, le seul qui osa s'aventurer en ville fut le faux diable blanc. Le Bachelier Zhao songea bien lui aussi à prendre pour prétexte le stockage des malles à vêtements pour aller en personne rendre hommage à Monsieur le Licencié, mais y renonça en raison du risque létal envers sa natte. (…)

---

1. 聊且. « temporairement, pour le moment ». Inusité aujourd'hui.

2. 生辰八字 : les « huit caractères de la naissance », désignent dans l'ordre l'année, le mois, le jour et l'heure de la naissance, exprimés par deux caractères chacun par le système traditionnel des 'rameaux célestes et branches terrestres'. Servent aux astrologues à prédire le destin des individus, et surtout, en comparant les huit caractères d'un jeune homme et d'une jeune femme, à déterminer s'ils pouvaient convenir l'un à l'autre en vue du mariage. Le sens dérivé (comme ici), assez logique, de « identité, statut » est également assez courant.

(…)他写了一封"黄伞格"[1] 的信，托假洋鬼子带上城，而且托他给自己绍介绍介[2]，去进自由党。假洋鬼子回来时，向秀才讨还了四块洋钱，秀才便有一块银桃子挂在大襟上了；未庄人都惊服，说这是柿油党[3] 的顶子，抵得[4] 一个翰林[5]；赵太爷因此也骤然大阔，远过于他儿子初隽[6] 秀才的时候，所以目空一切，见了阿Q，也就很有些不放在眼里了。

　　阿Q正在不平，又时时刻刻感着冷落，一听得这银桃子的传说，他立即悟出自己之所以冷落的原因了：要革命，单说投降，是不行的；盘上辫子，也不行的；第一着仍然要和革命党去结识。(…)

(…) Tā xiě le yī fēng "huáng sǎn gé" de xìn, tuō jiǎ yángguǐzi dài shàng chéng, érqiě tuō tā gěi zìjǐ shàojiè shàojiè, qù jìn zìyóu dǎng. Jiǎ yángguǐzi huílai shí, xiàng xiùcái tǎohuán le sì kuài yáng qián, xiùcái biàn yǒu yīkuài yín táozi guà zài dà jīn shàng le; Wèizhuāng rén dōu jīngfú, shuō zhè shì shìyóu dǎng de dǐngzi, dǐ dé yī gè Hànlín; Zhào tàiyé yīncǐ yě zhòurán dà kuò, yuǎn guòyú tā érzi chū juàn xiùcái de shíhòu, suǒyǐ mù kōng yīqiè, jiàn le Ā Qiu, yě jiù hěn yǒuxiē bù fàng zài yǎn lǐ le.

Ā Qiu zhèngzài bù píng, yòu shíshí kèkè gǎn zhe lěngluò, yī tīng dé zhè yín táozi de chuánshuō, tā lìjí wù chū zìjǐ zhī suǒyǐ lěngluò de yuányīn le: yào gémìng, dān shuō tóuxiáng, shì bù xíng de; pán shàng biànzi, yě bù xíng de; dì yī zhāo réngrán yào hé gémìng dǎng qù jiéshí. (...)

1. Lettre utilisant des formulations de respect anciennes, rédigée sur du papier à lettres jaune de luxe (à huit colonnes rouges), et dont la hauteur de chaque colonne était fixée, celles du milieu étant plus hautes que celles sur les côtés, d'où une allure générale qui lui valait son nom.

2. 绍介 aujourd'hui inusité, est synonyme du plus connu 介绍, « introduire, présenter ».

3. Jeu de mots absolument intraduisible puisqu'il repose sur la confusion par les villageois entre les mots 柿油 et 自由 ; ce dernier terme signifiant « liberté » était importé du Japon, où il était déjà un néologisme pour traduire le concept occidental, il était donc incompréhensible à l'époque pour la majeure partie de la population. Le fameux « parti de la liberté » est donc pour eux le « parti de l'huile de kaki ».

(…) Il écrivit donc une « lettre en ombrelle jaune » débordante de respect et la confia à son nouvel ami pour qu'il la porte à son destinataire. Il lui confia aussi la mission de négocier son admission au parti de la Liberté. À son retour, le faux diable blanc lui fit cracher quatre dollars d'argent, en échange de quoi le Bachelier reçut une pêche argentée qu'il put accrocher à sa tunique. Les habitants de Weizhuang furent saisis d'admiration : l'insigne de ce parti au nom bizarre ressemblait fort à celui de l'Académie impériale. Par suite logique, le renom de M. Zhao remonta abruptement, plus haut encore que quand son fils avait réussi les examens de district. Et quand M. Zhao croisait Ah Q, désormais, son regard semblait quelque peu passer sur lui sans le voir.

Ainsi Ah Q n'était-il plus seulement déprimé, mais se retrouva de nouveau snobé. En entendant l'histoire de la pêche d'argent, il saisit immédiatement la raison de ce nouvel ostracisme : pour faire la révolution, il ne suffisait pas de se rendre à distance aux révolutionnaires, ni de se rouler la natte sur le sommet du crâne. En réalité la première chose à faire était de s'acoquiner avec le parti lui-même. (…)

4. 抵 est ici pris dans son sens « être égal à, valoir ». Cependant la construction 抵+得 *dé* pour signifier la même chose (synonyme de 相当于) est aujourd'hui inusitée en mandarin, voire incorrecte (on la retrouve cependant en cantonais ; il existe aussi l'expression rare 抵得上 « parvenir à rivaliser », mais il s'agit d'une construction différente).

5. Les mandarins chinois, sous la dynastie Qing, portaient tous sur leur coiffe un bouton qui correspondait à leur rang (qui allait de 1 pour les plus grands ministres à 8 et 9 pour les petits fonctionnaires locaux – le magistrat de sous-préfecture étant lui-même du rang 7). On n'accédait à l'Académie impériale 翰林, la « Forêt des pinceaux », qu'après avoir réussi l'examen du palais, et l'on était automatiquement promu directement au rang 7. Cependant le bouton qui ressemblerait le plus à une « pêche d'argent » serait celui en nacre blanc, attribué au sixième rang.

6. 隽 *juàn* : caractère rare, dont l'un des nombreux sens est « réussir aux concours mandarinaux ».

(…)他生平所知道的革命党只有两个，城里的一个早已"嚓"的杀掉了，现在只剩了一个假洋鬼子。他除却赶紧去和假洋鬼子商量之外，再没有别的道路了。

钱府的大门正开着，阿 Q 便怯怯的躄[1] 进去。他一到里面，很吃了惊，只见假洋鬼子正站在院子的中央，一身乌黑的大约是洋衣，身上也挂着一块银桃子，手里是阿 Q 曾经领教过的棍子，已经留到一尺[2] 多长的辫子都拆开了披在肩背上，蓬头散发的像一个刘海仙[3]。对面挺直的站着赵白眼和三个闲人，正在必恭必敬的听说话。

阿 Q 轻轻的走近了，站在赵白眼的背后，心里想招呼，却不知道怎么说才好：叫他假洋鬼子固然是不行的了，洋人也不妥，革命党也不妥，或者就应该叫洋先生了罢。

洋先生却没有见他，因为白着眼睛讲得正起劲：

(...) Tā shēngpíng suǒ zhīdào de gémìng dǎng zhǐ yǒu liǎng gè, chéng lǐ de yī gè zǎo yǐ "chā" de shā diào le, xiànzài zhǐ shèng le yī gè jiǎ yángguǐzi. Tā chú què gǎnjǐn qù hé jiǎ yángguǐzi shāngliang zhīwài, zài méiyǒu biéde dàolù le.

Qián fǔ de dàmén zhèng kāi zhe, Ā Qiu biàn qièqiè de bì jìnqù. Tā yī dào lǐmiàn, hěn chī le jīng, zhǐ jiàn jiǎ yángguǐzi zhèng zhàn zài yuànzi de zhōngyāng, yīshēn wūhēi de dàyuē shì yángyī, shēn shàng yě guàzhe yī kuài yín táozi, shǒulǐ shì Ā Qiu céngjīng lǐngjiào guò de gùnzi, yǐjīng liú dào yī chǐ duō cháng de biànzi dōu chāi kāi le pī zài jiān bèi shàng, péngtóu sànfā de xiàng yī gè Liúhǎi xiān. Duìmiàn tǐngzhí de zhànzhe Zhào Báiyǎn hé sān gè xiánrén, zhèngzài bì gōng bì jìng de tīng shuōhuà.

Ā Qiu qīngqīng de zǒu jìn le zhàn zài Zhào Báiyǎn de bèi hòu, xīnli xiǎng zhāohu, què bù zhīdào zěnme shuō cái hǎo : jiào tā jiǎ yángguǐzi gùrán shì bù xíng de le, yángrén yě bù tuǒ, gémìng dǎng yě bù tuǒ, huòzhě jiù yīnggāi jiào yáng xiānsheng le ba.

Yáng xiānsheng què méiyǒu jiàn tā, yīnwèi báizhe yǎnjīng jiǎng de zhèng qǐjìn :

1. 躄 : usage dialectal de ce caractère, qui ne signifie pas dans ce contexte « boîter », mais « marcher sur la pointe des pieds, avancer en hésitant ».

(…) Mais Ah Q n'avait jamais rencontré que deux révolutionnaires de toute sa vie. Celui de la ville… cela faisait longtemps que SCHLAK ! il avait perdu la tête. Il ne restait plus que le faux diable blanc. Ah Q n'avait pas beaucoup d'autres choix que d'aller négocier, aussitôt que possible, avec ce dernier.

Le portail de la résidence des Qian était grand ouvert ; Ah Q s'y introduisit d'un pas craintif. Une surprise l'attendait à l'intérieur. Le faux diable blanc se tenait au milieu de la cour, entièrement vêtu de ce qui devait être un costume occidental tout noir, sur lequel tranchait l'éclat de la pêche d'argent qu'il arborait lui aussi. Il avait en main le gourdin dont Ah Q avait pu apprécier les vertus éducatives ; sa natte – qui avait déjà repoussé de plus d'un pied – était défaite, ses cheveux étalés sur ses épaules lui donnaient l'allure échevelée d'un nouveau Liu l'Immortel. En face de lui, droits comme des piquets, Zhao Baiyan et trois autres oisifs l'écoutaient religieu-sement.

Ah Q se glissa jusqu'à eux et se cacha derrière Zhao Baiyan. Il aurait bien salué, mais ne savait pas très bien comment faire : il n'était évidemment pas question de l'appeler « faux diable blanc » ; « Étranger » ou « Révolutionnaire » ne faisaient pas non plus l'affaire. Peut-être fallait-il se fendre d'un « Monsieur l'Étranger ».

Monsieur l'Étranger ne l'avait d'ailleurs toujours pas remarqué, tout occupé qu'il était à s'exprimer avec vigueur, les yeux tout blancs, exorbités.

---

2. Le pied chinois a varié de longueur au cours des millénaires ; aux XIXe et début du XXe siècles, il variait également selon les régions, entre 32 et 37 cm. Il est fixé aujourd'hui en RPC à exactement 1/3 m.

3. 刘海仙 : personnage semi-légendaire, alchimiste taoïste de son état, de son vrai prénom 海蟾 « crapaud marin », a vécu au Xe siècle, période dite des Cinq Dynasties. Il était autrefois représenté comme un jeune homme aux cheveux courts devant et longs derrière, tombant sur les épaules (l'image à laquelle fait allusion Lu Xun ici). Aujourd'hui, le terme « 刘海 » désigne une coupe de cheveux féminime à frange sur le devant.

“我是性急的，所以我们见面，我总是说：<u>洪哥</u> [1]！我们动手罢！他却总说道 No！——这是洋话，你们不懂的。否则早已成功了。然而这正是他做事小心的地方。他再三再四的请我上湖北，我还没有肯。谁愿意在这小县城里做事情。……”

“唔，……这个……”阿Q候他略停，终于用十二分的勇气开口了，但不知道因为什么，又并不叫他洋先生。

听着说话的四个人都吃惊的回顾他。洋先生也才看见：

“什么？”

“我……”

“出去！”

“我要投……”

“滚出去！”洋先生扬起哭丧棒来了。

赵白眼和闲人们便都吆喝道：“先生叫你滚出去，你还不听么！”

"Wǒ shì xìng jí de, suǒyǐ wǒmen jiànmiàn, wǒ zǒngshì shuō : Hóng gē ! Wǒmen dòngshǒu ba! Tā què zǒng shuō dào *No* ! — zhè shì yáng huà, nǐmen bù dǒng de. Fǒuzé zǎoyǐ chénggōng le. Ránér zhè zhèng shì tā zuò shì xiǎoxīn de dìfāng. Tā zàisān-zàisì de qǐng wǒ shàng Húběi, wǒ hái méiyǒu kěn. Shéi yuànyì zài zhè xiǎo xiànchéng lǐ zuò shìqing..."

"Wú... zhège..." Ā Qiu hòu tā lüè tíng, zhōngyú yòng shíèr fèn de yǒngqì kāikǒu le, dàn bù zhīdào yīnwèi shénme, yòu bìng bù jiào tā yáng xiānsheng.

Tīngzhe shuōhuà de sì gèrén dōu chījīng de huígù tā. Yáng xiānsheng yě cái kànjiàn:

"Shénme ?"

"Wǒ..."

"Chūqù!"

"Wǒ yào tóu..."

"Gǔn chūqù!" Yáng xiānsheng yáng qǐ kūsāng bàng lái le.

Zhào Báiyǎn hé xiánrénmen biàn dōu yāohè dào : "Xiānsheng jiào nǐ gǔn chūqù, nǐ hái bù tīng ma !"

« Je suis d'un naturel pressé ! À chacune de nos rencontres, je lui disais : Grand-frère Hong, lançons-nous ! Et lui répondait invariablement : *No !* – c'est de l'étranger, vous ne pouvez pas comprendre. S'il m'avait écouté... ça ferait longtemps qu'on en aurait terminé avec tout ça. Enfin, ça vous montre à quel point il est prudent dans ce qu'il fait. Il m'a exhorté à plusieurs reprises à aller dans le Hubei, mais jusqu'ici j'ai toujours refusé. Qui voudrait aller s'enterrer dans un trou pareil pour y faire de grandes choses ?... »

Ah Q finit par prendre son courage à deux mains et intervint pendant une courte pause de l'orateur. « Hmm... Euh... » Pour une raison qui lui échappait, il ne parvenait pas à l'appeler « Monsieur l'Étranger ».

En l'entendant, les quatre auditeurs se retournèrent pour le contempler. Le faux diable blanc en personne l'aperçut enfin :

« Quoi ?!!

— Je...

— Sors d'ici !

— Je voulais me...

— J'ai dit : dégage ! » se rapprocha Monsieur l'Étranger en brandissant le bâton de la pleureuse.

Baiyan et les trois autres se mirent à hurler de concert : « Môssieur t'a dit de dégager, t'es sourd ou quoi ! »

---

1. Certains commentateurs estiment que ce « Hong » pourrait faire allusion à Li Yuanhong, général commandant la 21e brigade mixte de l'armée Qing basée à Wuhan ; le général Li fut rallié de force à la révolution par les mutins en octobre 1911. Wuhan est justement dans le Hubei. La qualification de Wuhan par le faux diable blanc de « 小县城 », alors qu'il s'agit de l'une des plus grandes villes de Chine, montre si besoin était qu'il est lui aussi assez plouc...

阿 Q 将手向头上一遮，不自觉的逃出门外；洋先生倒也没有追。他快跑了六十多步，这才慢慢的走，于是心里便涌起了忧愁：洋先生不准他革命，他再没有别的路；从此决不能望有白盔白甲的人来叫他，他所有的抱负，志向，希望，前程，全被一笔勾销[1]了。至于闲人们传扬开去，给小 D 王胡等辈笑话，倒是还在其次的事。

他似乎从来没有经验过这样的无聊。他对于自己的盘辫子，仿佛也觉得无意味，要侮蔑；为报仇起见，很想立刻放下辫子来，但也没有竟放。他游到夜间，赊了两碗酒，喝下肚去，渐渐的高兴起来了，思想里才又出现白盔白甲的碎片。

有一天，他照例的混到夜深，待酒店要关门，才踱回土谷祠去。

拍，吧……！

他忽而听得一种异样的声音，又不是爆竹。（…）

Ā Qiu jiāng shǒu xiàng tóu shàng yī zhē, bù zìjué de táo chūmén wài; yáng xiānsheng dào yě méiyǒu zhuī. Tā kuài pǎo le liùshí duō bù, zhè cái mànmàn de zǒu, yúshì xīnli biàn yǒng qǐ le yōuchóu: yáng xiānsheng bù zhǔn tā gémìng, tā zài méiyǒu biéde lù; cóngcǐ jué bù néng wàng yǒu bái kuī bái jiǎ de rén lái jiào tā, tā suǒyǒu de bàofù, zhìxiàng, xīwàng, qiánchéng, quán bèi yībǐ-gōuxiāo le. Zhìyú xiánrénmen chuányáng kāiqù, gěi Xiǎo Di Wáng Hú děng bèi xiàohuà, dào shì hái zài qícì de shì.

Tā sìhū cónglái méiyǒu jīngyàn guò zhèyàng de wúliáo. Tā duìyú zìjǐ de pán biànzi, fǎngfú yě juéde wú yìwèi, yào wǔmiè; wèi bàochóu qǐjiàn, hěn xiǎng lìkè fàngxià biànzi lái, dàn yě méiyǒu jìng fàng. Tā yóu dào yèjiān, shē le liǎng wǎn jiǔ, hē xià dǔ qù, jiànjiàn de gāoxìng qǐlái le, sīxiǎng lǐ cái yòu chūxiàn bái kuī bái jiǎ de suìpiàn.

Yǒu yītiān, tā zhàolì de hùn dào yè shēn, dài jiǔdiàn yào guān mén, cái duó huí tǔgǔ cí qù.

Pāi, bā... !

Tā hū'ér tīng dé yī zhǒng yìyàng de shēngyīn, yòu bù shì bàozhú. (...)

Ah Q se protégea le crâne des deux mains et prit ses jambes à son cou – par réflexe : Monsieur l'Étranger ne se donnait pas la peine de le poursuivre. Il courut ainsi sur soixante bons pas, avant de ralentir l'allure et de sentir le désespoir l'envahir : Monsieur l'Étranger ne lui per-mettait pas de faire la Révolution ! Toutes les voies lui étaient désormais interdites. Il ne verrait plus venir à lui les troupes en cuirasse blanche et casque blanc ; ses ambitions, ses rêves, ses espoirs, son avenir... Tout s'écroulait, comme biffé d'un trait de pinceau. Même les moqueries de crevards du genre de Petit D ou de Wang-le-barbu – si les témoins de la scène ébruitaient la chose – ne seraient qu'insignifiances à côté d'une telle déconvenue.

Il ne s'était jamais senti aussi découragé. Se rouler sa natte sur la tête lui semblait soudain chose sans intérêt, voire méprisable. Il eut même une impulsion subite – laisser retomber sa queue, en guise de vengeance. Mais il ne put s'y résoudre. Il erra jusqu'à la nuit tombée, se paya deux bols de vin à crédit et se les déversa dans l'estomac. Il commençait à se sentir mieux. Dans ses visions flottaient à nouveau des éclats de casques et de cuirasses blanches.

Un soir, alors qu'il avait traîné comme à son habitude jusqu'à l'heure de fermeture de la taverne, il rentrait au Temple des dieux tutélaires quand...

Paf ! Bang !

De drôles de bruits lui parvinrent aux oreilles. Et ce n'étaient pas des pétards. (...)

---

1. 一笔勾销 : *chengyu* « supprimer d'un trait de plume », également « passer (sur), passer l'éponge ». Un autre *chengyu* proche, 一笔抹杀 *yībǐmǒshā* a en fait le sens un peu différent de « nier complètement, rejeter catégoriquement ».

(……)阿 Q 本来是爱看热闹，爱管闲事的，便在暗中直寻过去。似乎前面有些脚步声；他正听，猛然间一个人从对面逃来了。阿 Q 一看见，便赶紧翻身跟着逃。那人转弯，阿 Q 也转弯，那人站住了，阿 Q 也站住。他看后面并无什么，看那人便是小 D。

"什么？"阿 Q 不平起来了。

"赵……赵家遭抢了！"小 D 气喘吁吁的说。

阿 Q 的心怦怦的跳了。小 D 说了便走；阿 Q 却逃而又停的两三回。但他究竟是做过"这路生意"，格外胆大，于是躄[1] 出路角，仔细的听，似乎有些嚷嚷，又仔细的看，似乎许多白盔白甲的人，络绎的将箱子抬出了，器具抬出了，秀才娘子的宁式床也抬出了，但是不分明，他还想上前，两只脚却没有动。

这一夜没有月，未庄在黑暗里很寂静，寂静到像羲皇[2] 时候一般太平。阿 Q 站着看到自己发烦，也似乎还是先前一样，(……)

(...) Ā Qiu běnlái shì ài kàn rènao, ài guǎn xiánshì de, biàn zài ànzhōng zhí xún guòqu. Sìhū qiánmiàn yǒuxiē jiǎobù shēng ; tā zhèng tīng, měngrán jiān yī gè rén cóng duìmiàn táo lái le. Ā Qiu yī kànjiàn, biàn gǎnjǐn fānshēn gēnzhe táo. Nà rén zhuǎnwān, Ā Qiu yě zhuǎnwān, nà rén zhànzhù le, Ā Qiu yě zhànzhù. Tā kàn hòumian bìng wú shénme, kàn nà rén biàn shì Xiǎo Di.

"Shénme ?" Ā Qiu bù píng qǐlái le.

"Zhào... Zhào jiā zāo qiǎng le !" Xiǎo Di qì chuǎnxūxū de shuō.

Ā Qiu de xīn pēngpēng de tiào le. Xiǎo Di shuō le biàn zǒu. Ā Qiu què táo ér yòu tíng de liǎng sān huí. Dàn tā jiūjìng shì zuò guò "zhè lù shēngyi", géwài dǎndà, yúshì bì chū lù jiǎo, zǐxì de tīng, sìhū yǒuxiē rǎngrang, yòu zǐxì de kàn, sìhū xǔduō bái kuī bái jiǎ de rén, luòyì de jiāng xiāngzi tái chū le, qìjù tái chū le, xiùcái niángzi de Níngshì chuáng yě tái chū le, dànshì bù fēnmíng, tā hái xiǎng shàng qián, liǎng zhī jiǎo què méiyǒu dòng.

Zhè yī yè méiyǒu yuè, Wèizhuāng zài hēiàn lǐ hěn jìjìng, jìjìng dào xiàng Xī huáng shíhou yībān tàipíng. Ā Qiu zhàn zhe kàndào zìjǐ fā fán, yě sìhū háishi xiānqián yīyàng, (...)

(...) Ah Q aimait l'animation tout autant que de se mêler des affaires des autres. Il partit à la recherche de la source du vacarme. Quelque part devant lui retentissaient des bruits de pas. Soudain, alors qu'il prêtait l'oreille, surgit un personnage qui fuyait à toutes jambes dans sa direction. Un regard suffit à Ah Q pour qu'il se mette lui aussi à courir à la suite de l'autre. L'homme tourna ; Ah Q tourna derrière lui. Il s'arrêta : Ah Q stoppa net. Il regarda en arrière : rien. Enfin, il put identifier le fuyard : c'était Petit D.

« Quoi ? s'irrita Ah Q.

— Les... les Zhao... ont été attaqués ! » haletait Petit D.

Ah Q sentit son cœur tressauter dans sa poitrine. Petit D, ayant ainsi parlé, le quitta. Ah Q reprit la fuite et s'arrêta à plusieurs reprises, avant que son courage ne l'emporte : n'avait-il pas en fin de compte été lui aussi de la partie ? Il retourna prudemment jusqu'au coin d'une rue d'où il put tendre une oreille inquisitrice : des cris indistincts lui parvenaient. Il risqua un œil : il crut voir — mais ce n'était pas très clair — ses guerriers bardés de blanc qui faisaient la navette, les uns chargés de malles, les autres d'ustensiles divers. Le lit à baldaquin du bachelier et de sa femme était aussi l'objet de ce remue-ménage. Malgré son envie de s'approcher pour mieux voir, ses pieds refusaient d'avancer.

Il n'y avait pas de lune cette nuit-là, la scène se déroulait dans l'obscure tranquillité régnant sur Weizhuang — une tranquillité digne de la Grande Paix de l'Empereur Fuxi. Ah Q contemplait ce spectacle et finit par s'ennuyer, car cela manquait de variété ; (...)

---

1. Voir note 1 p. 138.

2. 羲皇 « Empereur Xi » désigne 伏羲 Fuxi, l'un des Trois Augustes, souverains mythiques du passé chinois, crédité entre autres très nombreuses inventions, de celle des Huit Trigrammes à partir de l'observation de la Nature.

（…）在那里来来往往的搬，箱子抬出了，器具抬出了，秀才娘子的宁式床也抬出了，……抬得他自己有些不信他的眼睛了。但他决计不再上前，却回到自己的祠里去了。

土谷祠里更漆黑；他关好大门，摸进自己的屋子里。他躺了好一会，这才定了神，而且发出关于自己的思想来：白盔白甲的人明明到了，并不来打招呼，搬了许多好东西，又没有自己的份，——这全是假洋鬼子可恶，不准我造反，否则，这次何至于没有我的份呢？阿 Q 越想越气，终于禁不住满心痛恨起来，毒毒的点一点头："不准我造反，只准你造反？妈妈的假洋鬼子，——好，你造反！造反是杀头的罪名 [2] 呵，我总要告一状，看你抓进县里去杀头，——满门抄斩 [3]，——嚓！嚓！"

(...) zài nàli láilái wǎngwǎng de bān xiāngzi tái chū le, qìjù tái chū le, xiùcái niángzi de Níngshì chuáng yě tái chū le... tái dé tā zìjǐ yǒuxiē bù xìn tā de yǎnjing le. Dàn tā juéjì bù zài shàng qián, què huídào zìjǐ de cí lǐ qù le.

Tǔgǔ cí lǐ gèng qīhēi ; tā guān hǎo dàmén, mō jìn zìjǐ de wūzi lǐ. Tā tǎng le hǎo yī huì, zhè cái dìng le shén, érqiě fāchū guānyú zìjǐ de sīxiǎng lái : bái kuī bái jiǎ de rén míngmíng dào le, bìng bù lái dǎ zhāohu, bān le xǔduō hǎo dōngxi, yòu méiyǒu zìjǐ de fèn — zhè quán shì jiǎ yángguǐzi kěwù, bù zhǔn wǒ zàofǎn, fǒuzé, zhè cì hé zhìyú méiyǒu wǒde fèn ne ? Ā Qiu yuè xiǎng yuè qì, zhōngyú jìnbùzhù mǎn xīn tònghèn qǐlái, dúdú de diǎnyīdiǎn tóu : "Bù zhǔn wǒ zàofǎn, zhǐ zhǔn nǐ zàofǎn ? Māma de jiǎ yángguǐzi — hǎo, nǐ zàofǎn ! Zàofǎn shì shātóu de zuìmíng ā, wǒ zǒng yào gào yī zhuàng, kàn nǐ zhuā jìn xiàn lǐ qù shātóu, — mǎn mén chāo zhǎn — chā ! chā !"

(...) ça déménageait à tout va, les coffres, les affaires, ce lit à baldaquin qu'il avait convoité... Au point qu'il finit par n'en plus croire ses yeux, et à se lasser. Il prit la décision de ne pas se montrer et retourna enfin à son temple.

L'intérieur du Temple des dieux tutélaires était plus sombre encore. Il referma la porte derrière lui et tâtonna dans le noir. Il ne retrouva ses esprits qu'après être resté allongé un long moment. Il commença alors à réfléchir à son propre sort : les guerriers blancs étaient bien arrivés, mais n'étaient pas venus le saluer. Ils s'étaient emparés de pas mal de choses, mais sans lui réserver sa part. Aucun doute, tout était de la faute de ce saligaud de faux diable blanc, qui ne l'avait pas laissé se révolter ; sinon, pourquoi l'auraient-ils oublié ? Plus Ah Q y pensait, plus la colère l'envahissait. La rage et la haine finirent par le submerger et il cracha en hochant la tête :

« J'ai pas le droit à la rébellion ; hein, y'a que toi qui y as droit ? Putain de faux diable blanc — ouais, rebelle-toi ! Eh bien, la punition pour la rébellion, c'est la tête coupée. J'vais te coller un procès au cul, on va bien voir comment tu vas t'en tirer quand y t'emmèneront au tribunal pour l'exécution — avec toute ta famille — schlak ! schlak ! »

2. La peine de mort par décapitation est réservée aux crimes les plus effroyables, dont la rébellion contre l'Empereur ou le fait de frapper son père. La raison est qu'elle est censée empêcher l'âme de trouver la paix et de recevoir correctement les offrandes des descendants. « Avoir la tête coupée, c'est pour les Chinois la mort la plus infâme, parce que la tête, qui fait la partie principale de l'homme, est séparée du corps ; et l'on ne donne pas la sépulture à ce corps, parce qu'il n'est pas entier, comme on l'avait reçu de la nature. » *D'après George Henry Mason, Londres, 1801.*

3. 满门抄斩 : *chengyu,* désignant la pratique consistant à exécuter les coupables avec leurs familles (parents, enfants). Cette « peine familiale » a été pratiquée avec des fréquences variables jusqu'à la fin de l'Empire, et a influencé la pratique consistant à désigner des « familles noires » (de mauvaises origines sociales) sous le régime maoïste. Si la pratique est ancienne, la création du *chengyu* lui-même est due à Lu Xun, qui l'utilise plusieurs fois dans le recueil *L'Appel aux armes.*

第九章

大团圆 [1]

赵家遭抢之后，未庄人大抵很快意而且恐慌，阿Q也很快意而且恐慌。但四天之后，阿Q在半夜里忽被抓进县城里去了。那时恰是暗夜，一队兵，一队团丁 [2]，一队警察，五个侦探，悄悄地到了未庄，乘昏暗围住土谷祠，正对门架好机关枪；然而阿Q不冲出。许多时没有动静，把总焦急起来了，悬了二十千的赏，才有两个团丁冒了险，逾垣进去，里应外合 [3]，一拥而入，将阿Q抓出来；直待擒出祠外面的机关枪左近，他才有些清醒了。

到进城，已经是正午，阿Q见自己被掳进一所破衙门，转了五六个弯，便推在一间小屋里。他刚刚一跄踉，那用整株的木料做成的栅栏门便跟着他的脚跟阖上了，（…）

Dì jiǔ zhāng

Dà tuányuán

Zhào jiā zāo qiǎng zhīhòu, Wèizhuāng rén dàdǐ hěn kuàiyì érqiě kǒnghuāng, Ā Qiu yě hěnkuài yì érqiě kǒnghuāng. Dàn sìtiān zhīhòu, Ā Qiu zài bànyè lǐ hū bèi zhuā jìn xiànchéng lǐ qù le. Nà shí qià shì àn yè, yī duì bīng, yī duì tuándīng, yī duì jǐngchá, wǔ gè zhēntàn, qiāoqiāo de dào le Wèizhuāng, chéng hūn'àn wéizhù Tǔgǔ cí, zhèng duìmén jià hǎo jīguānqiāng ; ránér Ā Qiu bù chōng chū. Xǔduō shí méiyǒu dòngjìng, bǎzǒng jiāojí qǐlái le, xuán le èrshí qiān de shǎng, cái yǒu liǎng gè tuándīng mào le xiǎn, yú yuán jìnqù, lǐyìng-wàihé, yī yōng ér rù, jiāng Ā Qiu zhuā chūlái ; zhí dài qín chū cí wàimiàn de jīguānqiāng zuǒ jìn, tā cái yǒuxiē qīngxǐng le.

Dào jìn chéng, yǐjīng shì zhèngwǔ, Ā Qiu jiàn zìjǐ bèi chān jìn yī suǒ pò yámen, zhuǎn le wǔ liù gè wān, biàn tuī zài yī jiān xiǎo wū lǐ. Tā gānggang yī qiàngliàng, nà yòng zhěng zhū de mùliào zuò chéng de zhàlán mén biàn gēnzhe tā de jiǎogēn hé shàng le. (...)

Neuf

Happy end

APRÈS LE SAC DE LA RÉSIDENCE des Zhao, les habitants de Weizhuang étaient partagés entre la joie sans bornes et la frayeur, et Ah Q ne faisait pas exception. Mais quatre jours plus tard, il était arrêté en pleine nuit et escorté jusqu'au chef-lieu du district.

Profitant de l'obscurité, une troupe hétéroclite de soldats, de miliciens et de policiers en uniforme, qu'accompagnaient cinq enquêteurs, investit le village en douce, encercla le temple, et installa une mitrailleuse face à la porte. Ah Q ne tenta pas de sortie héroïque. Le temps s'écoula sans que rien ne bouge. Le chef de la troupe était sur des charbons ardents. Il fit miroiter une récompense de vingt mille sapèques. Deux miliciens se portèrent volontaires et s'introduisirent dans la place en escaladant les murs. Grâce à ces braves, on put s'engouffrer en force et s'emparer du suspect. Lequel, transporté hors de son repaire, se réveilla à peu près au niveau de la mitrailleuse.

Il était déjà midi quand ils rejoignirent la ville. Ah Q constata qu'on le traînait jusqu'à un vieux *yamen* où, après quelques tours et détours, on le poussa dans une petite cellule. Il y rentra en trébuchant et on referma sur ses talons une porte ressemblant à une barrière en bois massif. (…)

---

1. 大团圆 : « La grande réunion », désigne la scène finale d'un roman, d'un opéra ou d'une pièce de théâtre populaires, quand les personnages connaissent le bonheur de se retrouver ensemble, sains et saufs après avoir traversé moult périls et enduré moult souffrances.

2. 团丁 : un membre d'une milice locale, qui pouvait être mobilisé par les autorités locales.

3. 里应外合 : *chengyu* très fréquemment employé dans les romans de chevalerie ou dans les récits de guerre avec utilisation de ruses et de stratagèmes. Remonte à la dynastie Yuan.

（…）其余的三面都是墙壁，仔细看时，屋角上还有两个人。

阿 Q 虽然有些忐忑，却并不很苦闷，因为他那土谷祠里的卧室，也并没有比这间屋子更高明。那两个也仿佛是乡下人，渐渐和他兜搭起来了，一个说是举人老爷要追他祖父欠下来的陈[1]租，一个不知道为了什么事。他们问阿 Q，阿 Q 爽利的答道，"因为我想造反。"

他下半天便又被抓出栅栏门去了，到得大堂，上面坐着一个满头剃得精光的老头子。阿 Q 疑心他是和尚，但看见下面站着一排兵，两旁又站着十几个长衫[2]人物，也有满头剃得精光像这老头子的，也有将一尺来长的头发披在背后像那假洋鬼子的，都是一脸横肉，怒目而视的看他；他便知道这人一定有些来历，膝关节立刻自然而然的宽松，便跪了下去了。

"站着说！不要跪！"长衫人物都吆喝说[3]。

(...) Qíyú de sān miàn dōu shì qiángbì, zǐxì kàn shí, wū jiǎo shàng háiyǒu liǎng gè rén.

Ā Qiu suīrán yǒuxiē tǎntè, què bìng bù hěn kǔmèn, yīnwèi tā nà Tǔgǔ cí lǐ de wòshì yě bìng méiyǒu bǐ zhè jiān wūzi gèng gāomíng. Nà liǎng gè yě fǎngfú shì xiāngxiarén, jiànjiàn hé tā dōudā qǐlái le, yī gè shuō shì jǔrén lǎoye yào zhuī tā zǔfù qiàn xiàlai de chénzū, yī gè bù zhīdào wèile shénme shì. Tāmen wèn Ā Qiu, Ā Qiu shuǎnglì de dá dào, "yīnwèi wǒ xiǎng zàofǎn."

Tā xiàbàntiān biàn yòu bèi zhuā chū zhàlán mén qù le, dào dé dà táng, shàngmian zuòzhe yī gè mǎntóu tì de jīngguāng de lǎotóuzi. Ā Qiu yíxīn tā shì héshang, dàn kànjiàn xiàmian zhànzhe yī pái bīng, liǎng páng yòu zhànzhe shíjǐ ge chángshān rénwù, yě yǒu mǎntóu tì dé jīngguāng xiàng zhè lǎotóuzi de, yě yǒu jiāng yī chǐ lái cháng de tóufa pī zài bèihòu xiàng nà jiǎ yángguǐzi de, dōu shì yī liǎn héngròu, nùmù ér shì de kàn tā ; tā biàn zhīdào zhè rén yīdìng yǒuxiē láilì, xī guānjié lìkè zìrán'érán de kuān sōng, biàn guì le xiàqù le.

"Zhànzhe shuō ! Bù yào guì !" Chángshān rénwù dōu yāohè shuō.

1. 陈 : un sens rare de ce caractère est « vieux, ancien, défraîchi ».

(…) Les autres parois de la pièce étaient des murs en briques. Un examen minutieux lui permit de découvrir deux autres individus tapis dans un coin.

Ah Q était bien sûr un peu inquiet, mais pas plus a-battu que ça car à vrai dire, sa chambre au Temple des dieux tutélaires n'était pas plus reluisante que cet endroit. Ses deux compagnons avaient l'air eux aussi de gens de la campagne, ce qui facilita l'entrée en matière. L'un déclara que Monsieur le Licencié souhaitait se faire enfin rembourser une vieille dette remontant à son ancêtre, l'autre ne savait pas pourquoi il était là. À leurs questions, Ah Q répondit fièrement : « Parce que je voulais me révolter ».

Dans l'après-midi il fut sorti de la cellule et amené dans la grande salle du tribunal, devant l'estrade où siégeait un vieil homme au crâne entièrement chauve. Ah Q crut d'abord qu'il avait affaire à un bonze, mais la rangée de soldats alignés sous l'estrade, et tous les hommes en robe longue qui se tenaient des deux côtés de la salle avaient soit la tête rasée eux aussi, soit les cheveux aux épaules, comme le faux diable blanc. Tous arboraient un air féroce et le fixaient d'un regard furibond. Il comprit que le vieil homme était quelqu'un d'important ; il se sentit soudain comme une faiblesse dans les rotules et tomba à genoux.

« Debout ! Ne t'agenouille pas ! » crièrent les hommes en robe longue.

---

2. 长衫 : ce terme désigne en mandarin la robe longue masculine, évolution de la robe mandchoue, très en vogue à la fin des Qing et sous la période républicaine. En cantonais en revanche, il se prononce *cheongsam* et désigne la robe longue féminine (également d'origine mandchoue) qu'en mandarin on appelle communément 旗袍 *qípáo*.

3. En se mettant à genoux, Ah Q adopte la posture d'un plaignant ou d'un suspect face au mandarin (administrateur et juge du district) impérial. Représentant la nouvelle société issue de la révolution, ses juges rejettent théoriquement ces pratiques d'un autre âge.

阿 Q 虽然似乎懂得，但总觉得站不住，身不由己的蹲了下去，而且终于趁势改为跪下了。

"奴隶性！……"长衫人物又鄙夷似的说，但也没有叫他起来。

"你从实招来罢，免得吃苦。我早都知道了。招了可以放你。"那光头的老头子看定了阿Q的脸，沉静的清楚的说。

"招罢！"长衫人物也大声说。

"我本来要……来投……"阿 Q 胡里胡涂的想了一通[1]，这才断断续续的说。

"那么，为什么不来的呢？"老头子和气的问。

"假洋鬼子不准我！"

"胡说！此刻说，也迟了。现在你的同党在那里？"

"什么？……"

"那一晚打劫赵家的一伙人。"

"他们没有来叫我。他们自己搬走了。"阿 Q 提起来便愤愤。

Ā Qiu suīrán sìhū dǒngde, dàn zǒng juéde zhàn bùzhù, shēn bù yóu jǐ de dūn le xiàqù, érqiě zhōngyú chènshì gǎi wéi guì xià le.

"Núlì xìng !..." Chángshān rénwù yòu bǐyí shìde shuō, dàn yě méiyǒu jiào tā qǐlái.

"Nǐ cóngshí zhāo lái ba, miǎnde chīkǔ. Wǒ zǎo dōu zhīdào le. Zhāo le kěyǐ fàng nǐ." Nà guāngtóu de lǎotóuzi kàn dìng le Ā Qiu de liǎn, chénjìng de qīngchu de shuō.

"Zhāo ba !" Chángshān rénwù yě dàshēng shuō.

"Wǒ běnlái yào... lái tóu..." Ā Qiu húlǐ-hútú de xiǎng le yī tòng, zhè cái duànduànxùxù de shuō.

"Nàme, wèishénme bù lái de ne ?" Lǎotóuzi héqi de wèn.

"Jiǎ yángguǐzi bùzhǔn wǒ !"

"Húshuō ! Cǐ kè shuō, yě chíle. Xiànzài nǐ de tóngdǎng zài nàli ?"

"Shénme ? ..."

"Nà yī wǎn dǎjié Zhào jiā de yī huǒ rén."

"Tāmen méiyǒu lái jiào wǒ. Tāmén zìjǐ bān zǒu le." Ā Qiu tí qǐlái biàn fènfèn.

Ah Q avait l'impression d'avoir compris, mais il n'arrivait pas à se tenir debout. Son corps ne lui obéissait plus ; il se retrouva à croupetons, puis retomba bientôt sur ses genoux.

« Esclave !... » crachèrent les hommes en robe longue. Mais ils n'essayèrent plus de le faire lever. Le vieil homme au crâne rasé, après un examen attentif de la physionomie du suspect, lui adressa la parole d'une voix calme et claire :

« Autant nous dire toute la vérité, tu t'éviteras de douloureux moments... Je sais déjà tout. Si tu avoues, je te laisserai partir.

— Avoue ! déclamèrent les hommes en robe longue.

— Je voulais... je voulais me rendre à... tenta Ah Q d'une voix hachée après quelques instants de réflexion obtuse.

— Eh bien ? Pourquoi ne t'es-tu pas rendu ? demanda le vieillard d'un ton affable.

— C'est le faux diable blanc qui me l'a interdit !

— Sottises ! C'est trop tard pour cela, de toute façon. Où sont tes complices ?

— Mes cons... quoi ?...

— Les individus qui ont dévalisé la résidence des Zhao.

— Y sont pas venus m'appeler. Y'z'ont tout emporté ! dit Ah Q, que l'indignation reprenait.

---

1. 通 : ce caractère se prononce *tòng* et non pas *tōng* quand il est employé comme spécificatif, soit pour une représentation musicale, soit pour une parole (avec en général un sens dépréciatif). Lu Xun l'emploie ici pour une pensée (想了一通), c'est une utilisation incorrecte, bien que relativement fréquente.

“走到那里去了呢？说出来便放你了。”老头子更和气了。

“我不知道，……他们没有来叫我……”

然而老头子使了一个眼色，阿Q便又被抓进栅栏门里了。他第二次抓出栅栏门，是第二天的上午。

大堂的情形都照旧。上面仍然坐着光头的老头子，阿Q也仍然下了跪。

老头子和气的问道，“你还有什么话说么？”

阿Q一想，没有话，便回答说，“没有。”

于是一个长衫人物拿了一张纸，并一支笔送到阿Q的面前，要将笔塞在他手里。阿Q这时很吃惊，几乎“魂飞魄散”[1]了：因为他的手和笔相关，这回是初次。他正不知怎样拿；那人却又指着一处地方教[2]他画花押[3]。

“我……我……不认得字。”阿Q一把抓住了笔，惶恐而且惭愧的说。

“那么，便宜你，画一个圆圈！”

"Zǒu dào nàlǐ qù le ne ? Shuō chūlái biàn fàng nǐ le." Lǎotóuzi gèng héqi le.

"Wǒ bùzhī dào,... tāmen méiyǒu lái jiào wǒ..."

Ránér lǎotóuzi shǐ le yīgè yǎnsè, Ā Qiu biàn yòu bèi zhuājìn zhàlán mén lǐ le. Tā dì èr cì zhuā chū zhàlán mén, shì dì èr tiān de shàngwǔ.

Dàtáng de qíngxing dōu zhàojiù. Shàngmian réngrán zuò zhe guāngtóu de lǎotóuzi, Ā Qiu yě réngrán xià le guì.

Lǎotóuzi héqi de wèn dào, "Nǐ háiyǒu shénme huà shuō ma ?"

Ā Qiu yī xiǎng, méiyǒu huà, biàn huídá shuō, "Méiyǒu."

Yúshì yīgè chángshān rénwù ná le yī zhāng zhǐ, bìng yī zhī bǐ sòng dào Ā Qiu de miànqián, yào jiāng bǐ sāi zài tā shǒulǐ. Ā Qiu zhè shí hěn chījīng, jīhū "húnfēi-pòsàn" le : yīnwèi tā de shǒu hé bǐ xiāngguān, zhè huí shì chū cì. Tā zhèng bù zhī zěnyàng ná; nà rén què yòu zhǐzhe yī chù dìfāng jiào tā huà huāyā.

"Wǒ... wǒ... bù rèndé zì." Ā Qiu yī bǎ zhuāzhù le bǐ, huángkǒng érqiě cánkuì de shuō.

"Nàme, biànyí nǐ, huà yī gè yuánquān !"

— Emporté où ? Dis-le moi, et tu es libre, dit l'homme, d'un ton plus affable encore.

— J'sais pas... Y m'ont pas appelé... »

Le vieil homme fit un signe des yeux et Ah Q fut ramené à sa cellule. Il ne refranchit la barrière dans l'autre sens que le lendemain matin.

Dans la grande salle du tribunal, rien n'avait changé. Le vieil homme au crâne rasé était toujours sur son estrade, et Ah Q se remit à genoux.

Le vieillard lui demanda gentiment :

« As-tu quelque chose d'autre à déclarer ? »

Ah Q réfléchit. Il n'avait rien à rajouter. Alors il répondit :

« Non ».

L'un des hommes en robe longue prit une feuille de papier et un pinceau et vint les mettre sous son nez. Il tenta de lui fourrer le pinceau dans la main. Ah Q en était tout abasourdi, voire carrément terrifié : sensation neuve, c'était la première fois que sa main touchait pareil instrument. Alors qu'il se demandait dans quel sens le tenir, l'homme lui indiqua un endroit sur le papier où il était censé « apposer son seing ».

« Je... je... sais pas écrire, bafouilla Ah Q sous le coup de la honte et de la peur, empoignant le pinceau.

— Alors fais comme tu veux ! Tu n'as qu'à tracer un cercle. »

---

1. 魂飞魄散 : *chengyu* assez courant, remontant à l'Antiquité (左传, *Le Commentaire de* Zuo), signifiant « terrifié (à en perdre les esprits) ».

2. Au quatrième ton le caractère 教 n'a pas seulement le sens de « instruire, enseigner », mais aussi de « faire faire » (comme 使).

3. 花押 : « signature fleurie », un terme ancien pour désigner la signature en calligraphie cursive, ou un sceau particulier, destinée à authentifier les documents.

阿Q要画圆圈了，那手捏着笔却只是抖。于是那人替他将纸铺在地上，阿Q伏下去，使尽了平生的力气画圆圈。他生怕被人笑话，立志要画得圆，但这可恶的笔不但很沉重，并且不听话，刚刚一抖一抖的几乎要合缝，却又向外一耸，画成瓜子模样了。

阿Q正羞愧自己画得不圆，那人却不计较，早已擎[1]了纸笔去，许多人又将他第二次抓进栅栏门。他第二次进了栅栏，倒也并不十分懊恼。他以为人生天地之间，大约本来有时要抓进抓出，有时要在纸上画圆圈的，惟有圈而不圆，却是他"行状"[2]上的一个污点。但不多时也就释然了，他想：孙子[3]才画得很圆的圆圈呢。于是他睡着了。

然而这一夜，举人老爷反而不能睡：他和把总呕了气了。举人老爷主张第一要追赃，把总主张第一要示众。把总近来很不将举人老爷放在眼里了，(…)

Ā Qiu yào huà yuánquān le, nà shǒu niēzhe bǐ què zhǐ shì dǒu. Yúshì nà rén tì tā jiāng zhǐ pū zài dìshang, Ā Qiu fú xiàqù, shǐ jìn le píngshēng de lìqi huà yuánquān. Tā shēngpà bèi rén xiàohuà, lìzhì yào huà de yuán, dàn zhè kěwù de bǐ bùdàn hěn chénzhòng, bìngqiě bù tīnghuà, gānggang yī dǒu yī dǒu de jīhū yào héfèng, què yòu xiàng wài yī sǒng, huà chéng guāzǐ múyàng le.

Ā Qiu zhèng xiūkuì zìjǐ huà de bù yuán, nà rén què bù jìjiào, zǎoyǐ chè le zhǐ bǐ qù, xǔduō rén yòu jiāng tā dì èr cì zhuā jìn zhàlán mén. Tā dì èr cì jìn le zhàlán, dào yě bìngbù shífēn àonǎo. Tā yǐwéi rénshēng tiāndì zhījiān, dàyuē běnlái yǒushí yào zhuā jìn zhuā chū, yǒushí yào zài zhǐ shàng huà yuánquān de, wéi yǒu quān ér bù yuán, què shì tā xíngzhuàng shàng de yī gè wūdiǎn. Dàn bù duō shí yě jiù shì rán le, tā xiǎng : sūnzi cái huà dé hěn yuán de yuánquān ne. Yúshì tā shuìzháo le.

Ránér zhè yī yè, jǔrén lǎoye fǎnér bù néng shuì : tā hé bǎzǒng ǒu le qì le. Jǔrén lǎoye zhǔzhāng dì yī yào zhuī zāng, bǎzǒng zhǔzhāng dì yī yào shì zhòng. Bǎzǒng jìnlái hěn bù jiāng jǔrén lǎoye fàng zài yǎn lǐ le, (...)

Ah Q voulut s'exécuter mais sa main tremblait beaucoup trop. Alors l'homme étala la feuille sur le sol. Ah Q se mit à plat ventre. Avec toute la volonté dont il était capable, il dessina un cercle. Comme il craignait qu'on se moquât de lui, il tenait à ce que son cercle fût bien rond, mais cette saloperie de pinceau pesait son poids, et n'avait pas l'intention de lui obéir. Alors qu'il allait, toujours en tremblant, refermer le trait, le pinceau dévia au tout dernier moment. Le cercle avait tout l'air d'une graine de courge.

Ah Q était confus d'avoir mal fait son dessin mais ça n'avait pas l'air de beaucoup gêner l'homme, qui lui arracha papier et pinceau. D'autres hommes encore le ramenèrent une fois de plus à sa cellule. De ces allers-retours, Ah Q avait pris son parti. Il admettait le fait que dans la vie d'un homme, il pût arriver un moment où l'on était trimballé dans un sens ou dans l'autre, et où l'on devait tracer des cercles sur une feuille de papier. En revanche, que le cercle ne fût pas rond risquait de rester comme une tâche indélébile dans sa biographie. Cela le tarabusta un court moment jusqu'à ce qu'il eût songé : il n'y a que les abrutis qui sont capables de tracer des cercles bien ronds ! Alors il s'endormit.

Cette nuit-là, en revanche, Monsieur le Licencié ne put trouver le sommeil. Il avait eu des mots avec le chef des troupes locales. Le lettré préconisait de s'occuper d'abord de retrouver les biens volés, l'officier contrait qu'il fallait d'abord faire un exemple public. Ces derniers temps, le militaire semblait ne plus vraiment tenir son interlocuteur en grande estime. (…)

---

1. 揤 : caractère assez rare : « tirer, retirer ».

2. Voir la note 1 page 29. Ici c'est l'autre sens du terme qui est utilisé (notice biographique posthume).

3. 孙子 ne signifie évidemment pas ici « petit-fils », mais est une insulte signifiant « idiot, crétin ». Aujourd'hui surtout utilisée dans le nord de la Chine.

(……)拍案打凳的说道，"惩一儆百！[1]你看，我做革命党还不上二十天，抢案就是十几件，全不破案，我的面子在那里？破了案，你又来迂。不成！这是我管的！"举人老爷窘急了，然而还坚持，说是倘若不追赃，他便立刻辞了帮办民政的职务。而把总却道，"请便罢！"于是举人老爷在这一夜竟没有睡，但幸第二天倒也没有辞。

阿Q第三次抓出栅栏门的时候，便是举人老爷睡不着的那一夜的明天的上午了。他到了大堂，上面还坐着照例的光头老头子；阿Q也照例的下了跪。

老头子很和气的问道，"你还有什么话么？"

阿Q一想，没有话，便回答说，"没有。"

许多长衫和短衫人物，忽然给他穿上一件洋布的白背心，上面有些黑字。阿Q很气苦：因为这很像是带孝，而带孝是晦气的。然而同时他的两手反缚了，同时又被一直抓出衙门外去了。

(...) pāi àn dǎ dèng de shuō dào, "Chéng yī jǐng bǎi ! Nǐ kàn, wǒ zuò gémìng dǎng hái bù shàng èrshí tiān, qiǎngàn jiùshì shíjǐ jiàn, quán bù pò àn, wǒde miànzi zài nàli? Pò le àn, nǐ yòu lái yū. Bù chéng ! Zhè shì wǒ guǎn de!" Jǔrén lǎoye jiǒng jí le, ránér hái jiānchí, shuō shì tǎngruò bù zhuī zāng, tā biàn lìkè cí le bāngbàn mínzhèng de zhíwù. Ér bǎzǒng què dào, "Qǐng biàn ba !" Yúshì jǔrén lǎoye zài zhè yī yè jìng méiyǒu shuì, dàn xìng dì èr tiān dào yě méiyǒu cí.

Ā Qiu dì sān cì zhuā chū zhàlán mén deshíhòu, biàn shì jǔrén lǎoye shuì bù zháo de nà yī yè de míngtiān de shàngwǔ le. Tā dào le dàtáng, shàngmian hái zuòzhe zhàolì de guāngtóu lǎotóuzi ; Ā Qiu yě zhàolì de xià le guì.

Lǎotóuzi hěn héqi de wèn dào, "Nǐ háiyǒu shénme huà shuō ma ?"

Ā Qiu yī xiǎng, méiyǒu huà, biàn huídá shuō, "Méiyǒu."

Xǔduō chángshān hé duǎnshān rénwù, hūrán gěi tā chuān shàng yī jiàn yáng bù de bái bèixīn, shàngmian yǒu xiē hēi zì. Ā Qiu hěn qì kǔ : yīnwèi zhè hěn xiàng shì dàixiào, ér dàixiào shì huìqì de. Ránér tóngshí tā de liǎng shǒu fǎn fù le, tóngshí yòu bèi yīzhí zhuā chū yámen wài qù le.

(…) Ce soir-là, il avait tapé sur la table en disant : « Punissez-en un pour en terrifier cent ! Voyez, cela fait à peine vingt jours que j'ai rejoint les rangs du Parti révolutionnaire, et il y a déjà eu plus d'une dizaine d'attaques sans qu'on n'attrape un seul coupable ! C'est la perte de face totale ! Et maintenant qu'on en tient un, vous faites la vierge effarouchée ? Négatif ! C'est moi qui décide ! » Le Licencié en avait eu des sueurs froides mais avait insisté ; si l'on ne recherchait pas les biens volés, il renoncerait immédiatement à ses fonctions d'administrateur civil assistant. L'autre s'était exclamé : « Mais faites donc ! »

Voilà pourquoi le Licencié avait passé une nuit fort mauvaise . Fort heureusement, le lendemain, il ne démissionna pas.

La troisième fois qu'Ah Q fut tiré de sa cellule, c'était le matin qui suivit la nuit au cours de laquelle Monsieur le Licencié n'avait pas dormi. Quand Ah Q entra dans la salle du tribunal, le vieil homme au crâne rasé était encore sur son estrade, et, une fois de plus, il se mit à genoux.

Le vieux lui demanda de la même voix si affable :

« As-tu quelque chose d'autre à déclarer ? »

Ah Q réfléchit. Il n'avait rien à rajouter. Alors il répondit :

« Non ».

Soudain les hommes en robe longue et d'autres en tunique courte s'affairèrent autour de lui. Ils lui enfilèrent un gilet blanc, de type étranger, sur lequel étaient peints une série de caractères en noir. Ah Q s'en alarma : cela ressemblait fort à un vêtement de deuil, et porter le deuil était tout sauf encourageant. Par-dessus le marché, on lui lia les deux mains dans le dos et on le traîna hors du *yamen*.

---

1. 惩一儆百 *chengyu* d'usage peu courant, vu son sens ! La notion de châtiment pour l'exemple est commune à bien des civilisations.

阿 Q 被抬上了一辆没有蓬的车，几个短衣人物也和他同坐在一处。这车立刻走动了，前面是一班背[1]着洋炮的兵们和团丁，两旁是许多张着嘴的看客，后面怎样，阿 Q 没有见。但他突然觉到了：这岂[2]不是去杀头么？他一急，两眼发黑，耳朵里喤[3]的一声，似乎发昏了。然而他又没有全发昏，有时虽然着急，有时却也泰然；他意思之间，似乎觉得人生天地间，大约本来有时也未免要杀头的。

他还认得路，于是有些诧异了：怎么不向着法场走呢？他不知道这是在游街，在示众。但即使知道也一样，他不过便以为人生天地间，大约本来有时也未免要游街要示众罢了。

他省悟[4]了，这是绕到法场去的路，这一定是"嚓"的去杀头。他惘惘的向左右看，全跟着马蚁似的人，而在无意中，却在路旁的人丛中发见了一个吴妈。很久违，伊原来在城里做工了。(…)

Ā Qiu bèi tái shàng le yī liàng méiyǒu péng de chē, jǐ ge duǎn yī rénwù yě hé tā tóng zuò zài yī chù. Zhè chē lìkè zǒu dòng le, qiánmiàn shì yī bān bēizhe yáng pào de bīngmen hé tuándīng, liǎngpáng shì xǔduō zhāngzhe zuǐ de kànkè, hòumian zěnyàng, Ā Qiu méiyǒu jiàn. Dàn tā tūrán jué dào le: zhè qǐbù shì qù shātóu ma ? Tā yī jí, liǎng yǎn fā hēi, ěrduo lǐ huáng de yī shēng, sìhū fā hūn le. Ránér tā yòu méiyǒu quán fā hūn, yǒu shí suīrán zháojí, yǒushí què yě tàirán; tā yìsi zhījiān, sìhū juéde rénshēng tiāndì jiān, dàyuē běnlái yǒushí yě wèimiǎn yào shātóu de.

Tā hái rènde lù, yúshì yǒuxiē chàyì le: zěnme bù xiàngzhe fǎchǎng zǒu ne? Tā bù zhīdào zhè shì zài yóujiē, zài shìzhòng. Dàn jíshǐ zhīdào yě yīyàng, tā bùguò biàn yǐwéi rénshēng tiāndì jiān, dàyuē běnlái yǒushí yě wèimiǎn yào yóujiē yào shì zhòng bàle.

Tā xǐngwù le, zhè shì rào dào fǎchǎng qù de lù, zhè yīdìng shì "chā" de qù shātóu. Tā wǎngwǎng de xiàng zuǒyòu kàn, quán gēnzhe mǎyǐ shìde rén, ér zài wúyì zhōng, què zài lù páng de rén cóng zhōng fāxiàn le yīgè Wú Mā. Hěn jiǔwéi, yī yuánlái zài chéng lǐ zuògōng le. (...)

Il fut hissé sur une charrette découverte où plusieurs des hommes en tunique courte prirent place avec lui. La charrette se mit immédiatement en branle. Devant elle marchaient des militaires et des miliciens, fusils en bandoulière, et sur les côtés de la rue étaient massés des spectateurs bouche bée. Ce qu'il y avait derrière, Ah Q n'y prêta pas attention.

Il prend soudain conscience : ne l'amènerait-on pas se faire trancher le col ? La panique le saisit, sa vision s'obscurcit et ses oreilles bourdonnent, comme s'il allait s'évanouir. Mais il ne s'évanouit pas, il oscille entre la panique et une certaine forme de calme. Quelque part dans sa caboche flotte la pensée que dans la vie d'un homme, il peut arriver un moment où il est difficile d'éviter de se faire couper la tête.

Il reconnaît la route et s'étonne : pourquoi ne se dirige-t-on pas vers le terrain d'exécution ? Il ne sait pas qu'il ne s'agit que de le promener à travers les rues, de le montrer à la foule. Mais même s'il le savait, il estimerait que dans la vie il peut arriver un moment où il s'avère impossible d'éviter d'être promené à travers les rues pour être montré au bon peuple.

Quand il comprend qu'on va bien au terrain d'exécution, mais par un chemin détourné, il sait que bientôt va retentir le SCHLAK ! de la décapitation. Son regard vide de tout espoir va de droite et de gauche, et finit par tomber inopinément sur la mère Wu, au milieu de la foule sur un côté de la rue. Il ne l'avait pas vue depuis fort longtemps ; c'était donc qu'elle était venue travailler en ville. (…)

---

1. 背 : ce caractère se prononce au 1ᵉʳ ton quand il signifie « porter sur le dos », au 4ᵉ quand il désigne le dos ou signifie « tourner le dos à ».

2. 岂 : particule interrogative du chinois classique, équivalent de 难道 ou 怎么, le plus souvent utilisé dans des constructions interro-négatives : 岂不, 岂非 : « ne serait-ce pas… ? », « cela n'aurait-il pas pour résultat de… ? ».

3. Onomatopée rare. Les grands bruits dans les oreilles sont plus fréquemment rendus par 轰, les bourdonnements moins forts par 嗡.

4. 省悟 : homophone et synonyme peu usité de 醒悟.

(…)阿 Q 忽然很羞愧自己没志气：竟没有唱几句戏。他的思想仿佛旋风似的在脑里一回旋：《小孤孀上坟》欠堂皇，《龙虎斗》里的"悔不该……"也太乏，还是"手执钢鞭将你打"罢。他同时想手一扬，才记得这两手原来都捆着，于是"手执钢鞭"也不唱了。

"过了二十年又是一个……"[1] 阿 Q 在百忙中，"无师自通"[2] 的说出半句从来不说的话。

"好！！！"从人丛里，便发出豺狼[3]的嗥叫一般的声音来。

车子不住的前行，阿 Q 在喝采声中，轮转眼睛去看吴妈，似乎伊一向并没有见他，却只是出神的看着兵们背上的洋炮。

阿 Q 于是再看那些喝采的人们。

这刹那中，他的思想又仿佛旋风似的在脑里一回旋了。四年之前，他曾在山脚下遇见一只饿狼[4]，永是不近不远的跟定他，要吃他的肉。(…)

(...) Ā Qiu hūrán hěn xiūkuì zìjǐ méi zhìqì : jìng méiyǒu chàng jǐ jù xì. Tā de sīxiǎng fǎngfú xuànfēng shìde zài nǎo lǐ yī huíxuán : « Xiǎo gūshuāng shàng fén » qiàn tánghuáng, « Lóng hǔ dòu » lǐ de "huǐ bù gāi..." yě tài fá, háishi "Shǒu zhí gāngbiān jiāng nǐ dǎ" ba. Tā tóngshí xiǎng shǒu yī yáng, cái jìde zhè liǎng shǒu yuánlái dōu kǔnzhe, yúshì shǒu zhí gāng biān yěbù chàng le.

"Guò le èrshí nián yòu shì yīgè..." Ā Qiu zài bǎi máng zhōng "wú shī zì tōng " de shuōchū bàn jù cónglái bù shuō dehuà.

"Hǎo !!!" cóng réncóng lǐ, biàn fāchū cháiláng de háojiào yībān de shēngyīn lái.

Chēzi bù zhù de qián xíng, Ā Qiu zài hècǎi shēng zhōng, lúnzhuǎn yǎnjīng qù kàn Wú Mā, sìhū yī yīxiàng bìng méiyǒu jiàn tā, què zhǐshì chūshén de kànzhe bīngmen bèi shàng de yáng pào.

Ā Qiu yúshì zài kàn nà xiē hècǎi de rénmen.

Zhè chànà zhōng, tā de sīxiǎng yòu fǎngfú xuànfēng shìde zài nǎo lǐ yī huíxuán le. Sìnián zhīqián, tā céng zài shānjiǎo xià yùjiàn yī zhī èláng, yǒng shì bù jìn bù yuǎn de gēn dìng tā, yào chī tā de ròu. (...)

(…) Il se sent soudain tout honteux : la bravoure lui manque même pour déclamer quelques vers ! Ses pensées tournoient dans son crâne : *La petite veuve va pleurer sur la tombe* manque de la dignité requise. Le « Hélas ! » du *Combat du tigre et du dragon* ne convient pas non plus, il vaut mieux un bon « Je brandis mon fouet d'acier, tu vas déguster !... » Mais alors qu'il va lever les mains, il se rappelle qu'elles sont liées ensemble dans son dos, aussi renonce-t-il à brandir son fouet – même en chant.

Sous la pression, en véritable autodidacte qu'il est, Ah Q réussit enfin à sortir un fragment d'une phrase qu'il n'a pourtant jamais prononcée auparavant :

« Dans vingt ans je serai de nouveau un...

— Bravo !!! »

Le cri qui monte de la foule sonne plus comme le hurlement d'une meute de chacals ou de loups.

La charrette avance toujours. Au milieu des hurlements, Ah Q roule des yeux pour voir la mère Wu – mais elle semble ne pas l'avoir vu, et contemple, comme hypnotisée, les fusils sur le dos des soldats.

Ah Q reporte alors son attention sur les gens qui crient.

À cet instant, ses pensées se remettent à virevolter. Quatre ans auparavant, il a croisé un jour un loup affamé au pied d'une montagne. La bête l'a suivi, bien décidée à le dévorer, mais sans jamais oser ni s'approcher ni s'éloigner. (…)

---

1. Il était de tradition pour les bandits d'honneur de proférer, juste avant leur exécution, ces quelques mots pour prouver qu'ils ne craignaient pas la mort, en raison de leur croyance dans la réincarnation : 二十年后又是一条好汉 : « Dans vingt ans je serai redevenu un solide gaillard ! »

2. 豺狼 « chacals et loups » : terme à double sens puisqu'il peut servir à désigner simplement ces animaux, mais signifie aussi « personnes mauvaises et cruelles ».

3. 无师自通 *chengyu* : « se former tout seul, s'instruire sans maître ».

4. 饿狼 : ces deux caractères ensemble forment un mot lexicalisé, mais surtout dans le sens figuré : « personne avare, rapace, cupide ».

(…)他那时吓得几乎要死，幸而手里有一柄斫柴刀，才得仗[1]这壮了胆，支持到未庄；可是永远记得那狼眼睛，又凶又怯，闪闪的像两颗鬼火，似乎远远的来穿透了他的皮肉。而这回他又看见从来没有见过的更可怕的眼睛了，又钝又锋利，不但已经咀嚼了他的话，并且还要咀嚼他皮肉以外的东西，永是不近不远的跟他走。

这些眼睛们似乎连成一气，已经在那里咬他的灵魂。

"救命，……"

然而阿Q没有说。他早就两眼发黑，耳朵里嗡的一声，觉得全身仿佛微尘[2]似的迸散了。

至于当时的影响，最大的倒反在举人老爷，因为终于没有追赃，他全家都号啕了。其次是赵府，非特[3]秀才因为上城去报官，被不好的革命党剪了辫子，而且又破费了二十千的赏钱，所以全家也号啕了。(…)

(...) Tā nàshí xià de jīhū yào sǐ, xìng'ér shǒulǐ yǒu yī bǐng zhuó chái dāo, cái děi zhàng zhè zhuàng le dǎn, zhīchí dào Wèizhuāng ; kěshì yǒngyuǎn jìde nà láng yǎnjing, yòu xiōng yòu qiè, shǎnshǎn de xiàng liǎng kē guǐhuǒ, sìhū yuǎnyuǎn de lái chuāntòu le tā de píròu. Ér zhè huí tā yòu kànjiàn cónglái méiyǒu jiàn guò de gèng kěpà de yǎnjing le, yòu dùn yòu fēnglì, bùdàn yǐjīng jǔjué le tā de huà, bìngqiě hái yào jǔjué tā pí ròu yǐwài de dōngxi, yǒng shì bù jìn bù yuǎn de gēn tā zǒu.

Zhèxiē yǎnjingmen sìhū lián chéng yī qì, yǐjīng zài nàli yǎo tā de línghún.

"Jiù mìng, ..."

Rán'ér Ā Qiu méiyǒu shuō. Tā zǎo jiù liǎng yǎn fā hēi, érduo lǐ wēng de yī shēng, juéde quán shēn fǎngfú wēichén shìde bèngsàn le.

Zhìyú dāngshí de yǐngxiǎng, zuìdà de dào fǎn zài jǔrén lǎoye, yīnwèi zhōngyú méiyǒu zhuī zāng, tā quán jiā dōu háotáo le. Qícì shì Zhào fǔ, fēitè xiùcái yīnwèi shàng chéng qù bào guān, bèi bùhǎo de gémìng dǎng jiǎn le biànzi, érqiě yòu pò fèi le èrshí qiān de shǎng qián, suǒyǐ quán jiā yě háotáo le. (...)

(...) Il a failli en crever de terreur ; par bonheur, il avait à la main une machette à couper le bois, et c'est grâce à elle qu'il a trouvé le courage de tenir jusqu'au retour à Weizhuang. Il n'a jamais oublié le regard de ce loup, dont les yeux brillaient comme deux feux follets, un regard où la cruauté se mêlait à la peur et qu'il sentait lui transpercer la peau et les chairs à distance. Mais aujourd'hui, il voit des yeux plus terrifiants encore, et des regards comme il n'en a jamais vus, à la fois abrutis et térébrants, des regards qui dévorent ses paroles – qui comptent dévorer bien autre chose que sa chair – et qui le suivent de près.

Tous ces yeux n'en forment bientôt plus qu'un, et cet œil immense mord déjà dans son âme.

« Au secours !... »

Mais ces mots-là, Ah Q ne les prononce même pas. Sa vision s'est obscurcie depuis longtemps, ses oreilles bourdonnent, il a l'impression que son corps s'éparpille peu à peu comme un tas de poussière.

De toute cette affaire, celui qui souffrit le plus fut Monsieur le Licencié : comme le butin ne fut jamais retrouvé, sa maison fut remplie de cris et de lamentations. Ensuite, ce furent les Zhao : quand le Bachelier était allé à la ville pour porter plainte, il était tombé entre les mains des révolutionnaires, ceux de la pire espèce, lesquels lui avaient coupé sa natte ; et par ailleurs les vingt mille sapèques de la récompense furent facturées à l'infortunée famille. La résidence des Zhao fut donc tout autant remplie de cris et de lamentations. (...)

---

1. On peut comprendre ici deux sens différents de ce caractère 仗 : « tenir une arme à la main » et « compter sur, se reposer sur »

2. 微尘 « poussière fine », a aussi deux autres sens : un sens bouddhiste, pour désigner d'infimes particules de substances, et un sens dépréciatif, pour désigner quelque chose d'insignifiant, sans importance.

3. 非特 : terme aujourd'hui inusité, synonyme de 不但, 不仅.

（…）从这一天以来，他们便渐渐的都发生了遗老的气味。

至于舆论，在未庄是无异议，自然都说阿Q坏，被枪毙便是他的坏的证据：不坏又何至于被枪毙呢？而城里的舆论却不佳，他们多半不满足，以为枪毙并无杀头这般好看；而且那是怎样的一个可笑的死囚呵，游了那么久的街，竟没有唱一句戏：他们白跟一趟了。

一九二一年十二月。

(...) Cóng zhè yītiān yǐlái, tāmen biàn jiànjiàn de dōu fāshēng le yí lǎo de qìwèi.

Zhìyú yúlùn, zài Wèizhuāng shì wú yìyì, zìrán dōu shuō Ā Qiu huài, bèi qiāngbì biàn shì tā de huài de zhèngjù : bù huài yòu hé zhìyú bèi qiāngbì ne ? Ér chéng lǐ de yúlùn què bù jiā, tāmen duōbàn bù mǎnzú, yǐwéi qiāngbì bìng wú shātóu zhè bān hǎokàn ; érqiě nà shì zěnyàng de yīgè kěxiào de sǐ qiú ā, yóu le nàme jiǔ de jiē, jìng méiyǒu chàng yī jù xì : tāmen bái gēn yī tàng le.

Yī-jiǔ-èr-yī nián shí-èr yuè

(...) À partir de ce moment, ils affectèrent peu à peu l'allure de survivants des temps anciens.

L'opinion publique, quant à elle, était partagée. À Weizhuang, certes, elle ne variait pas : Ah Q était coupable, naturellement ; le fait qu'il avait été fusillé ne le prouvait-il pas ? S'il avait été innocent, il n'aurait pas été fusillé.

En ville, en revanche, on était plus qu'à moitié insatisfait. Le peloton d'exécution, comme spectacle, ça n'arrivait pas à la cheville du bourreau et de son sabre. Et ce condamné, vraiment, avait été par trop ridicule. On lui en avait pourtant donné le temps, en le promenant dans les ruelles ; mais il n'avait même pas trouvé le moyen d'entonner un petit air. Les badauds qui l'avaient suivi avaient perdu leur temps.

Décembre 1921

FIN

LU XUN

BRÈVE CHRONOLOGIE

25 septembre 1881 : naissance de Zhou Zhangshou à Shaoxing, Zhejiang, dans une famille de lettrés. À partir de 1894 la famille est peu à peu disgraciée et appauvrie. Il choisira plus tard le nom de Zhou Shuren.

1898 : études à l'Académie navale de Jiangnan puis à l'École des chemins de fer et des mines (Nankin). Prise de conscience des problèmes de la société chinoise et des idées occidentales.

1902 : se rend au Japon pour suivre des études de langues puis de médecine à Sendai, qu'il abandonne pour se consacrer à la littérature, afin de « sauver l'esprit » du peuple chinois.

1903 : mariage arrangé par sa mère mourante avec Zhu An. Il ne vivra jamais avec cette première épouse (mais pourvoira à ses besoins).

1906 - 1909 Tokyo. Premières traductions publiées.

1909 : retour en Chine. Professeur de sciences à Hangzhou puis à Shaoxing.

1911 : parution de sa première nouvelle, rédigée en langue classique.

Octobre 1911 : *soulèvement de Wuchang, chute de la dynastie Qing et établissement de la République de Chine le 1ᵉʳ janvier 1912 (« Révolution Xinhai' »).*

1912 : Nankin, puis Pékin. Postes au Ministère de l'Éducation.

1915 : fondation de la revue Nouvelle Jeunesse *à Shanghai.*

1916 : échec de la tentative de restauration impériale par le général Yuan Shikai, qui meurt en juin. Début de la période des Seigneurs de la guerre.

1918 : 1re nouvelle en *baihua,* la langue vernaculaire parlée : *Le journal d'un fou,* dans *Nouvelle Jeunesse.* Adoption du pseudonyme Lu Xun.

4 mai 1919 *: manifestations estudiantines et lancement du mouvement nationaliste et réformateur du 4 mai.*

1920 : Lu Xun quitte Nouvelle Jeunesse. Postes de professeur à l'Université de Pékin et à l'École normale supérieure nationale.

1921 : publication en feuilleton de *La véridique histoire d'Ah Q* (sous un autre pseudonyme, Ba Ren), puis du recueil *L'Appel aux armes* en 1923

1926 : parution du recueil *Errances.* Se réfugie à Xiamen (Amoy), puis à Canton l'année suivante. Mariage avec Xu Guangping.

1927 – 1936 : Shanghai. Août 1297 : *Les mauvaises herbes* (poèmes).

1929 : naissance d'un fils.

1930 : ne croyant plus au seul pouvoir de la littérature, Lu Xun participe à la fondation de la Ligue des écrivains de gauche, à visée révolutionnaire. Il s'en écartera cependant assez vite, déçu de l'emprise du Parti communiste sur la Ligue et ses débats.

1931 : le Japon s'empare de la Mandchourie.

1933 : fondation de la Ligue chinoise des droits de l'Homme.

19 octobre 1936 : mort à Shanghai, de la tuberculose.